La auténtica historia de
Las minas del rey Salomón

La auténtica historia de
Las minas del rey Salomón

Carlos Roca

nowtilus

Colección: Historia Incógnita
www.historiaincognita.com

Título: La auténtica historia de *Las minas del rey Salomón*
Autor: © Carlos Roca

Copyright de la presente edición: © 2010 Ediciones Nowtilus, S.L.
Doña Juana I de Castilla 44, 3º C, 28027 Madrid
www.nowtilus.com

Diseño y realización de cubiertas: eXpresio estudio creativo
Diseño interior de la Colección: JLTV

Reservados todos los derechos. El contenido de esta obra está protegido por la Ley, que establece pena de prisión y/o multas, además de las correspondientes indemnizaciones por daños y perjuicios, para quienes reprodujeren, plagiaren, distribuyeren o comunicaren públicamente, en todo o en parte, una obra literaria, artística o científica, o su transformación, interpretación o ejecución artística fijada en cualquier tipo de soporte o comunicada a través de cualquier medio, sin la preceptiva autorización.

ISBN-13: 978-849763-912-5
Fecha de edición: mayo 2010

Printed in Spain
Imprime: Graphycems
Depósito legal: Na-842-2010

A mi hermano Ángel José,
por los buenos momentos de mi infancia.

Índice

Prólogo 13

Glosario 17

Prefacio 21

Introducción 23

Capítulo I: Salomón, su sabiduría, su riqueza
y la leyenda de las minas en África 35
    La reina de Saba visita al rey 39
    La tierra de Ofir 40
    La ciudad de piedra 42

Capítulo II: Matabeleland, el verdadero país que inspiró
la novela *Las minas del rey Salomón* 45
    La gran tribulación 48
    El camino de la sangre 51
    Los primeros colonos blancos 54
    Lobengula, el último rey matabele 57

Capítulo III: El hombre blanco codicia la tierra,
el oro y los diamantes africanos 67
 ¿El doctor Livingstone, supongo? 72
 Cecil Rhodes, el coloso de África 76
 Los nativos son engañados 81
 Selous, el verdadero Quatermain de
 Las minas del rey Salomón 91
 El dorado africano, una leyenda más que una realidad 92

Capítulo IV: Sangre en la lanza 95
 La reacción matabele 99
 Los mercenarios blancos toman la iniciativa 103
 Tambores de guerra 107

Capítulo V: La patrulla del río Shangani,
la versión africana de la muerte del general Custer 119
 Rusell Bunham, un americano en África 123
 La patrulla espera refuerzos 127
 Los matabele atacan 130
 El destino de la patrulla está sellado 135
 Los supervivientes regresan exhaustos 140
 La muerte del rey 142

Capítulo VI: La masacre de los colonos 147
 Asalto al almacén de Cummings 150
 Violencia salvaje 153
 Los héroes de la contienda 159
 La venganza del hombre «civilizado» 161
 El fundador de los *boy scouts* entra en acción 162
 El asesinato del líder de la rebelión 166
 La guerra se traslada a las montañas 169
 Cecil Rhodes entra en la boca del lobo 173

Capítulo VII: Hombres y leones, enemigos ancestrales 181
 El perro cazador de leones 182
 Hombres cazadores de fieras 185

El viejo cazador de leones 188
Livingstone herido por un león 191
Los leones devoradores de hombres en la actualidad 193

Capítulo VIII: Un deseo incompleto 199
Un adiós multitudinario 204
El final de los otros protagonistas 205

Epílogo: Zimbabwe, la tierra actual de
Las minas del rey Salomón 219
La partición del país 220
La independencia 223
Consejos para visitar Zimbabwe 224

Anexos 227
Lista de bajas de la patrulla del río Shangani 229
Bajas durante la rebelión matabele de 1896-1897 231
Crónicas periodísticas de la época 233
Fuerzas coloniales e imperiales británicas
presentes en las campañas de 1893 y 1896-1897 241
Amabutho matabele 243
Texto de la concesión de Lobengula
a la Compañía Británica de África del Sur 245
Resumen de la Carta Real concedida
a la Compañía Británica de África del Sur 249
Las minas del rey Salomón en el cine 253
Introducción original de la primera edición de 1885
de *Las minas del rey Salomón* 259
Cronología 261

Bibliografía selecta 265

Prólogo
Mester de fantasía

Confieso un secreto de infancia: el día que en un pueblo de La Mancha llamado Villanueva de los Infantes, donde está enterrado Quevedo, vi la película *Las minas del rey Salomón,* corría la década de los cincuenta y desde aquella fecha me enamoré de Deborah Kerr y coloqué a H. Rider Haggard como uno de los escritores de cabecera. Me endulzó a mis dos clásicos preferidos: Cervantes y Quevedo. Una advertencia preliminar, que es conveniente recordar en estos años de la LOGSE y de bigardos de maquinitas y cultura audiovisual.

En aquellos bachilleres humanísticos con profesores del *ancien régime*, revestidos de solvente autoridad, había disciplinas catalogadas como del *mester de juglaría* y otras como del *mester de clerecía*. Así, en el primer apartado, me topé con el *Libro del buen amor* o el *Poema del Mio Cid* y en el segundo, con Gonzalo de Berceo y con la literatura religiosa. Me merendé a los clásicos en la biblioteca de mi pueblo, pero empecé a disfrutar de la lectura cuando fui diseñando lo que yo llamo el *mester de fantasía*; escritores que te hacen soñar con aventuras en los mares del Sur, en la estepa africana o en los océanos procelosos de

Asia. Así nace mi adición por las novelas de aventuras. Solo los relatos de los grandes escritores del XIX pueden ubicarse en este apartado: *Moby Dick*, *La isla del tesoro*, *Robinson Crusoe*, *Las minas del rey Salomón*. Ella, entre otras, juega la *Champion* de la literatura fantástica. Medio siglo después sigo fascinado por la odisea de un grupo de aventureros liderados por el héroe de mi infancia: Allan Quatermain en la búsqueda de uno de los hermanos de estos exploradores. ¿Cuánto debe Indiana Jones a este héroe literario?

EL RADIOFONISTA ENAMORADO DE *LAS MINAS DEL REY SALOMÓN*

Fue toda una sorpresa el encuentro con Carlos Roca, nuestro director regional de Onda Cero en Murcia, en un viaje del programa *Herrera en la Onda*. Ya lo había descubierto en un libro anterior que tuvo gran difusión y conoció un éxito sin precedentes: *Zulú, la batalla de Isandlwana*. Carlos, a finales de noviembre de 1975, mientras escuchaba al príncipe Juan Carlos de Borbón en su coronación como rey estaba deseando que acabara cuanto antes para poder seguir leyendo una novela que lo tenía enganchado y que marcaría sus gustos literarios. Desde entonces, *Las minas del rey Salomón* guarda un lugar preferente en su biblioteca y le produce una perversa adición que no le ha abandonado desde hace treinta y cinco años.

La novela le permitió conocer que existían campos de diamantes sudafricanos, las cataratas de Zambeze, que los zulúes y los británicos se pelearon con bravura… y que en algún lugar de África Austral existía un fabuloso tesoro oculto que un avezado cazador encontró entre la tierra de los kakuanas, hoy conocido como los matabele.

Carlos Roca, sin ninguna duda, se ha erigido en una primera autoridad, solvente y erudita, del pueblo zulú, como asimismo de su cultura y sociedad. Su trabajo no desmerece a las aportaciones de aquellos antropólogos victorianos que con sus tratados han contribuido a que conozcamos esos pueblos primitivos que también han estudiado los ingleses.

En este último trabajo, rastrea la llegada de Henry Rider Haggard a la costa de África del Sur y narra con parsimonia zulú los avatares del novelista en la África fascinante y cómo gesta su novela universal.

Era un veinteañero con «mono» de África, como muchos jóvenes británicos y europeos. Fascinado por la llamada de este misterioso continente, llega como funcionario del Imperio británico a este hermoso y desconocido territorio. Su vida cambiaría cuando se topó con el pueblo zulú. Fue uno de los pocos blancos afortunados del siglo XIX que asistió a una de las grandes celebraciones anuales de este pueblo. Lo que ocurrió después, lo dejó escrito para la posteridad:

> Aproximadamente mil hombres de piel de ébano realizaron en honor del gobernador una danza de guerra al ritmo de tambores confeccionados con piel de gacela, mientras miles de mujeres le animaban con sus gritos. Cuando el espectacular baile y las melódicas canciones terminaron, un guerrero, cuyos ojos brillaban como los de un halcón, se quedó fijo en su mirada. Hermosa descripción del choque de dos individuos depositarios de dos culturas diferentes.

Haggard se nutre de lo que ve en este entorno para ir diseñando a sus personajes literarios. Carlos Roca, como un sabueso antropólogo con el aliento en el cogote de Haggard, va olfateando los recovecos del escritor y su obra. Y va blindando a sus héroes de ficción. La importancia de esta obra universal y que ha cautivado a varias generaciones de lectores es que fue la primera novela de ficción de aventuras escrita por un anglosajón y en inglés. ¿Dónde radica el misterio de su éxito? Carlos Roca lo resume magistralmente:

> Haggard fue de los primeros novelistas en darse cuenta de que, por encima de todo, el lector lo que quería era evadirse de su mundo interno y entretenerse con aquello que le contaba... No pretendió ser el mejor, pero representó con su pluma mucho de la parte aventurera, romántica y atrevida que muchos en mayor o menor medida llevamos dentro; y triunfó con ello. No es en absoluto descabellado argumentar que los libros de Haggard, Rudyard Kipling o Joseph Conrad contribuyeron tanto más como los más míticos regimientos de chaquetas rojas a la defensa del imperialismo británico.

Y sirvieron para que varias generaciones lectoras tuviéramos en ellos nuestro particular *mester de fantasía*.

Carlos Roca

El libro está narrado con una prosa clásica y atrevida. Nadie que se adentre en este libro quedará defraudado.

Lorenzo Díaz.
Sociólogo, periodista y escritor.

Glosario

Kaffir	Cafre.
Ibandla	Consejo de reino.
Isijula	Lanza arrojadiza de mango muy fino.
Iklwa	Azagaya.
Izimpondo Zamkhomo	Los Cuernos del Búfalo.
Mfcane	Tribulación, machacamiento.
Ibutho	Regimiento. *Amabutho* en plural.
Inkhanda	Poblado militar. *Amakhanda* en plural.
Iziqu	Condecoración.
Induna	General, líder.
Iviyo	Compañía militar. Amaviyo en plural.
Knobkerrie	También llamado *Iwisa*. Maza de madera para el combate.
Laager	Formación defensiva en círculo o cuadro realizada con carretas.
Kraal	Poblado.
Isicoco	Anillo de goma seca que muestra el estado marital en el varón.

La flota de Hiram que había traído el oro de Ofir, traía también de Ofir mucha madera de sándalo, y piedras preciosas. Y de la madera de sándalo hizo el rey balaustres para la casa de Dios y para las casas reales, arpas también y salterios para los cantores; nunca vino semejante madera de sándalo, ni se ha visto hasta hoy.

El peso del oro que Salomón tenía de renta cada año era seiscientos sesenta y seis talentos de oro; sin lo de los mercaderes, y lo de la contratación de especias, y lo de todos los reyes de Arabia, y de los principales de la tierra. Hizo también el rey Salomón doscientos escudos grandes de oro batido, seiscientos siclos de otro gastó en cada escudo. Asimismo hizo trescientos escudos de oro batido, en cada uno de los cuales gastó tres libras de oro; y el rey los puso en la casa del bosque del Líbano. Hizo también el rey un gran trono de marfil, el cual cubrió de oro purísimo. Seis gradas tenía el trono, y la parte alta era redonda por el respaldo; y a uno y otro lado tenía brazos cerca del asiento, junto a los cuales estaban colocados dos leones. Estaban también doce leones puestos allí sobre las seis gradas, de un lado y de otro; en ningún otro reino se había hecho trono semejante. Y todos los vasos de beber del rey Salomón eran de oro, y asimismo toda la vajilla de la casa del bosque del Líbano era de oro fino; nada de plata, porque en tiempo de Salomón no era apreciada. Porque el rey tenía en el mar una flota de naves de Tarsis, con la flota de Hiram. Una vez cada tres años venía la flota de Tarsis, y traía oro, plata, marfil, monos y pavos reales. Así excedía el rey Salomón a todos los reyes de la tierra en riquezas y en sabiduría.

Toda la tierra procuraba ver la cara de Salomón, para oír la sabiduría que Dios había puesto en su corazón. Y todos les llevaban cada año sus presentes: alhajas de oro y de plata, vestidos, armas, especias aromáticas, caballos y mulos.

Libro Primero de Reyes 10:11-25

Prefacio

Mi querido *sir* Henry:

Han pasado alrededor de unos treinta y siete años, más de una generación, desde que viéramos por vez primera las costas de África del Sur alzándose sobre el mar. Desde entonces, cuántos acontecimientos han ocurrido: la anexión del Transvaal, la guerra zulú, la primera guerra bóer, el descubrimiento del Rand, la conquista de Rhodesia, la segunda guerra bóer, y otros muchos sucesos que en estos tiempos tan convulsos se consideran hoy día como historia antigua...

H. Rider Haggard.
Ditchingham, 1912.

A finales de noviembre de 1975, el entonces príncipe Juan Carlos de Borbón fue coronado rey de todos los españoles. Acompañado del resto de mi familia, yo seguía por televisión el acto y la posterior intervención del ya monarca y, todavía hoy como si fuera ayer, recuerdo la escena en el salón con total nitidez. Palabras como modernidad, participación etc., eran sin duda de una enorme importancia en la voz de quien ya era Juan Carlos I. Un hombre, y una nación, que en buena medida se estaba jugando su destino. Pero, para ser sincero, en aquel momento, mi interés por todo aquello era nulo. De hecho, mi deseo interior era que acabara cuanto antes para poder seguir leyendo una novela que mi padre, con motivo de mi décimo cumpleaños, también en noviembre de ese mismo año me había regalado unos días antes.

Casi treinta y cinco años después, con sus tapas desgastadas, aquella edición original de 1952 tiene un lugar especial en mi biblioteca y en mi vida. Cuando apenas unas semanas más tarde, también en televisión, se proyectó la película *Zulú*, protagonizada por Michael Caine y Stanley Baker, fue la puntilla final para el impresionable corazón de un niño que quedó fascinado para siempre con África y esta nación de guerreros.

La novela me permitió conocer por primera vez en mi vida, romanticismos y aventuras aparte, que existían los campos de diamantes sudafricanos, las cataratas del Zambeze, que los zulúes y los británicos habían combatido en una montaña llamada Isandlwana, que igualmente los segundos habían sido masacrados, que existió un regimiento llamado *iNgobamakhosi* de un rey negro muy poderoso —del que ahora sabemos que su verdadero nombre era Cetshwayo— y que, en algún lugar del África Austral, se decía que existía un fabuloso tesoro oculto que un avezado cazador encontró entre la tierra de los kakuanas, hoy conocidos como matabele.

Dicen que a todos, para bien o para mal, un hecho ha marcado algún área de su vida de manera muy determinante. El mío, después de leer aquella extraordinaria novela de aventuras, en gran medida me ha llevado a publicar, especialmente en los últimos veinte años, artículos en prensa y revistas de historia, dar conferencias, escribir media docena de libros, exponer dioramas en museos militares, viajar a los lugares allí relatados y, hoy, plantearme de manera literaria hasta qué punto lo que leí era solo fruto de la imaginación de un genio de la literatura universal o si su autor vivió y conoció algunos hechos que, también para él, fueron determinantes a la hora de su inspiración. Por cierto, todavía no lo he dicho, la novela se llamaba *Las minas del rey Salomón.*

Carlos Roca

Introducción

> ...nunca debe concederse importancia a un zulú. Si un blanco se muestra afable y demasiado pronto en la acogida, al instante el zulú sospecha que está tratando con una persona de escasa consideración.
>
> *Las minas del rey Salomón*

La primera vez que Henry Rider Haggard vio la costa de África del Sur todavía le faltaban unos meses para cumplir los veinte años. Mientras desde la cubierta del barco contemplaba la gran montaña conocida como Table Montain sobre la que se asienta Ciudad del Cabo pensaba que, como muchísimos jóvenes de su generación para Inglaterra y su reina Victoria —entonces en el clímax de su esplendor—, él tenía la responsabilidad de añadir su granito de arena para la consolidación o ampliación del mismo.

Su familia había tenido cierto éxito empresarial y su padre era un jurista de gran prestigio, mucho más ambicioso que el propio Henry, el cual le impulsó a presentarse a las oposiciones de la oficina de asuntos extranjeros tras ser denegado su ingreso en la academia militar de Woolwich[1]. En la vieja Inglaterra todo el mundo sabía que si no

---

[1] Apenas por unos meses no pudo beneficiarse de las reformas militares impulsadas por Edward Cardwell que, entre otras cosas para ayudar al reclutamiento, la altura mínima que antes se exigía para entrar en el ejército de 1,70 m fue rebajada a 1,64 m. Haggard medía 1,66 m.

El escritor Rider Haggard. Se inspiró en la vida del cazador y aventurero Selous para escribir *Las minas del rey Salomón* y alcanzar con ello fama mundial.

provenías de sangre noble la única posibilidad de triunfar en la sociedad era vestir la llamativa chaqueta roja del ejército victoriano, sobre todo sirviendo en ultramar en alguna de las continuas campañas, o hacer carrera en la política, independientemente de que fueras conservador o liberal. *Sir* Henry Bulwer[2], al que el gobierno de Benjamin Disraeli, por recomendación de *lord* Carnavon, había nombrado gobernador de la colonia de Natal, llamó al muchacho para que se uniera a su gabinete y le ayudara en las difíciles tareas administrativas, secretariado y asesoramiento jurídico.

Cuando Haggard pisó el suelo de África, a principios de la década de los años setenta del siglo XIX, su corazón se aceleró y, desde entonces, supo que su destino quedaba unido, para bien o para mal, a este continente. La euforia aumentó cuando apenas una semana después vio la costa de Natal y desembarcó en Durban. Su vida jamás volvió a ser igual.

Por aquel entonces, Natal vivía en permanente alerta por la posibilidad de una guerra con la tribu más guerrera de África, los zulúes, junto al permanente conflicto con los granjeros bóers (sobre todo aquellos que estaban asentados en la república del Transvaal). Pero, aunque su trabajo se desarrollaba en Pietermaritzburg, sus ojos continuamente se llenaban de emoción cuando contemplaba la naturaleza salvaje de África, la inmensidad de la sabana, las colinas y los valles de Zululandia, el majestuoso Índico y los caudalosos ríos —como el Búfalo, que era la frontera natural con el poderoso reino zulú—. Precisamente, los zulúes dejaron una honda impresión en él, desde su estructura social hasta su fama de guerreros. Haggard fue uno de los pocos blancos afortunados del siglo XIX que asistió a una de las grandes celebraciones anuales del reino zulú. Lo que ocurrió después lo dejó escrito para la posteridad. Aproximadamente mil hombres de piel de ébano realizaron, en honor del gobernador, una danza de guerra al ritmo de tambores confeccionados con piel de gacela, mientras miles de mujeres les animaban con sus gritos. Cuando el espectacular baile y las melódicas canciones terminaron,

---

[2] Haggard le veneró el resto de su vida y nació entre ambos una gran amistad. Treinta y siete años después de que vieran las costas de Sudáfrica, Haggard, ya en la plenitud de su carrera literaria, le dedicó en 1912 el quinto volumen de la saga de Allan Quatermain: *La guerra zulú*.

un guerrero[3], cuyos ojos brillaban como los de un halcón y, con su cuerpo todavía temblando por la tensión producida por el enorme esfuerzo físico realizado, pasó junto a Haggard y las miradas de ambos hombres se cruzaron. Por entonces ninguno de los dos había cumplido el primer cuarto de siglo de vida, y pertenecían a dos mundos totalmente diferentes. El joven británico servía a una reina cuyos dominios imperiales se extendían por todo el planeta. El zulú, a la nación más poderosa de África y, además, al regimiento más agresivo y temerario que era el favorito de su rey: Cetshwayo KaMpande. Haggard nunca olvidó a aquel hombre:

> Era un guerrero espectacularmente salvaje que llevaba puesta toda su indumentaria de guerra. Con su mano derecha sujetaba sus lanzas, y de la izquierda colgaba su gran escudo de piel negra de buey, en cuyo interior llevaba una azagaya de repuesto. Rodeando la cabeza de aquel hombre surgía un alto penacho gris, adornado con una pluma de grulla. Sus amplios hombros estaban al aire, y bajo las axilas tenía unas cortas tiras de piel de buey que sujetaban rabos de buey entremezclados en colores diferentes. De su cintura colgaba como una falda escocesa, hecha principalmente con piel de cabra, mientras alrededor de su pierna derecha estaban sujetos un puñado de rabos de buey negros. Cuando estuvo de pie delante de nosotros, levantó su lanza y se cubrió parcialmente con su escudo; su penacho se dobló por la brisa, y su aspecto salvaje aumentó aún más al acompañarse de una postura llena de estilo y con los ojos dilatados. El guerrero se marchó golpeando la parte interna de su escudo con la azagaya.

El conflicto con los zulúes, que Bulwer intentó evitar a toda costa, terminó estallando gracias a las maniobras de Shepstone y el Alto Comisionado para África del Sur Edward Frere, y Haggard quiso alistarse entre las fuerzas coloniales que el teniente general *lord* Chelmsford estaba reclutando para invadir el reino zulú y apresar a su rey. Bulwer terminó convenciéndole para que no lo hiciera y, probablemente, con ello le salvó la vida, ya que la mayoría de los oficiales coloniales no comisionados de la columna central de *lord* Chelmsford murieron en la batalla de Isandlwana[4].

---

[3] El guerrero nunca supo que su exhibición serviría para que de la imaginación de Haggard naciera Umslopogaas, uno de los principales personajes nativos de sus novelas.
[4] El 22 de enero de 1879 un gigantesco *impi* zulú de 25 000 guerreros acabó con más de 1 300 tropas imperiales y coloniales al pie de la colina llamaba Isandlwana. El coronel Pulleine distribuyó a sus hombres de manera inadecuada para defender el campamento y, tras varias horas de duros combates, incluyendo un salvaje cuerpo a

La auténtica historia de *Las minas del rey Salomón*

Guerrero matabele del regimiento *mNbezu*.

Acabada la guerra zulú, Henry Haggard todavía tuvo que asistir, ahora como asistente de Theophilus Shepstone en el Transvaal, al desastre de la colina Majuba durante el transcurso de la Primera Guerra Anglo-Bóer. Un año después escribió:

> Fue durante este periodo de la historia de Sudáfrica que muchas personas piensan que cometimos nuestro mayor error. Anexamos el Transvaal, a decir de ellos, seis meses demasiado pronto. Como han ocurrido las cosas, habría sido más inteligente haber abandonado el Transvaal a zulúes y bóers para solucionar sus asuntos y hacer todo lo posible para proteger nuestras propias fronteras. Sin duda esta consumación de los hechos habría limpiado maravillosamente la atmósfera política; los zulúes habrían tenido suficiente para luchar con ellos durante algún tiempo, y el resto de los bóers habría suplicado nuestra protección, se habría convertido en británicos satisfechos; y no habría ocurrido ningún Isandlwana y ninguna colina Majuba.

A principios de 1882 decidió dejar su puesto de funcionario en la administración y regresó a Inglaterra donde contrajo matrimonio y retomó la abogacía. Pero todo su empeño lo puso en una nueva vocación, en realidad su verdadera pasión desde niño: escribir. Ese mismo año, la experiencia acumulada en los preliminares del conflicto militar con los zulúes fueron su motivación para su primera obra: *Cetywayo y sus vecinos blancos*. Alternando la narrativa histórica con algunas pinceladas novelescas, narró los prolegómenos y posterior desarrollo de la guerra que había producido el mayor desastre militar a la Inglaterra victoriana por parte de un ejército nativo. Por aquel entonces, como todavía hoy, los enfrentamientos con los zulúes habían provocado un aluvión de libros, y el trabajo de Haggard fue simplemente uno más entre muchos pero, tres años después, se produjo el éxito comercial que desde entonces le ha convertido en uno de los referentes de la literatura universal al publicar *Las minas del rey Salomón*.

La mayoría de los personajes de Haggard en su novela estaban inspirados en personas reales, como Frederick Courtney Selous —un hombre con un magnetismo personal increíble[5] al que Haggard conocía

---

cuerpo, fueron derrotados por los zulúes. Paradójicamente, su gran victoria significó el fin de su independencia, ya que los británicos buscaron tras varias cruentas batallas limpiar su prestigio militar y la completa destrucción del reino zulú.

[5] Su elevada altura, sus ojos azul claro, y su físico delgado pero fuerte fueron descritos por algunos escritores como la imagen perfecta de masculinidad caucásica.

personalmente y cuya fama de cazador utilizó para introducirlo en la trama cambiando su nombre original por el de Allan Quatermaine—. Dos años después, mantuvo el personaje con la continuación de la saga con otra novela de éxito mundial. En apenas unos meses se vendieron decenas de miles de ejemplares en los países de habla anglosajona y, aunque Quatermaine había muerto al final de la segunda novela, con gran maestría y gracias a su rédito comercial —que lo convirtió en apenas unos años en millonario—, Haggard lo resucitó para continuar con la saga.

La trama de la novela, escrita en una prosa sencilla, pero enormemente cautivadora, trata las memorias de un aventurero cazador de cincuenta y cinco años natural de la colonia del Cabo de Buena Esperanza quien, animado por sus compañeros de aventuras —el barón Curtis y el capitán de la armada real, John Good— le aconsejan que mientras se recupera de las heridas producidas por su sexagésimo sexto león abatido, las escriba para la posteridad.

Haggard fue de los primeros novelistas en darse cuenta de que, por encima de todo, el lector lo que quería era evadirse de su mundo interno y entretenerse con aquello que le contaban y esto Haggard lo hizo como nadie. No pretendió ser el mejor, pero representó con su pluma mucho de la parte aventurera, romántica y atrevida que muchos, en mayor o menor medida, llevamos dentro; y triunfó con ello. No es en absoluto descabellado argumentar que los libros de Haggard, Rudyard Kipling o Joseph Conrad (de origen ucraniano-polaco, que adquirió la nacionalidad británica en 1884) contribuyeron tanto o más como los más míticos regimientos de chaquetas rojas a la defensa del imperialismo británico.

Durante su prolífica carrera literaria, Haggard supo trasladar la imagen de las largas caravanas de colonos que atravesaban las praderas de lo que hoy son los Estados Unidos de América al continente africano donde aventureros, cazadores y colonos blancos —inicialmente la mayoría de origen holandés y más tarde anglosajón—, vivieron una experiencia igual, aunque separados por los océanos, en la conquista de lo que ellos consideraban un nuevo Canaán bíblico. Allí, cambiando la pradera por la sabana, los rebaños de bisontes por cebras y ñus, el puma por el león, etc., se experimentó lo mismo, pero ahora con implacables tribus africanas que no estaban dispuestas a ceder la tierra que consideraban suya; entre ellos, los matabele.

Eclipsados por sus parientes cercanos los zulúes, los matabele, una escisión de los primeros, han quedado relativamente relegados a un segundo plano. A pesar de ello, en sus batallas contra el hombre blanco, demostraron un valor extraordinario atacando a pecho descubierto, oleada tras oleada, a un codicioso enemigo que, cegado por el oro y los diamantes, les quitó, al precio de mucha sangre, una tierra riquísima que, todavía hoy, sigue encarnando la estampa de África con sus grandes manadas de animales salvajes.

El reino matabele era el último territorio independiente gobernado por un monarca del África negra, cuya posición geográfica le situaba en medio del desarrollo de la línea de ferrocarril que uniría El Cairo con El Cabo. Por otra parte, los bóers ambicionaban el territorio para la expansión de sus granjas, junto con Portugal, que presionaba desde la frontera este. Al norte, los belgas querían extender sus dominios del Congo. Incluso Alemania, con Tanganica (ahora Tanzania), tenía también sus ojos puestos en Matabeleland. Pero sería finalmente el imperio británico quien los dominaría.

A finales del siglo XIX la tecnología militar había dado importantes saltos cualitativos, como con la invención de la ametralladora Maxim, que fue usada por primera vez contra un ser humano en Matabeleland. No obstante, esto no impidió que a la voz de su rey, Lobengula, miles de valientes guerreros se enfrentaran a esta nueva arma que les segaba por filas, como la hoz al trigo. La guerra matabele, especialmente la ocurrida entre los años 1896-1897, tiene también el derecho propio de ser llamada la primera guerra por la independencia en el continente africano, adelantándose a los violentos sucesos que convulsionarían África tras la finalización de la Segunda Guerra Mundial y que, en muchos aspectos, todavía hoy varios focos continúan abiertos[6].

Este libro es un acercamiento al pensamiento dominante del imperio británico en el África Austral y a varios de los sucesos históricos que

---

[6] Desde 1945, y hasta el momento, casi 40 nuevas naciones independientes han surgido en África y en 12 países se mantienen conflictos armados dentro o fuera de sus fronteras.

Una demostración con la ametralladora Maxim realizada por su propio inventor. El valor de los guerreros matabele asaltando los *laagers* a pecho descubierto no fue suficiente para callar a esta arma que les provocó ingentes bajas.

inspiraron a Henry Rider Haggard para sus obras literarias, como los dos conflictos con los matabele, quienes intentaron infructuosamente quitarse de encima el peso del colonialismo británico, encarnado en ese momento por un personaje cruel, ambicioso… y brillante: Cecil Rhodes.

Igualmente, de forma paralela, conoceremos la vida de uno de los cazadores más míticos del continente africano que durante la conquista de esta tierra al igual que mercenarios, aventureros, junto a uno de los primeros blancos en pisar su tierra, el misionero y explorador David Livingstone, además de oficiales británicos como Baden Powell, cuyas experiencias de combate y seguimiento de las partidas de guerreros en el país de los matabele le llevarían a fundar más tarde el movimiento de los célebres *boy scouts*. Una narración histórica de héroes y villanos con un recorrido por la formación del país matabele, su estricta vida militar desde niños, el enfrentamiento con los blancos colonialistas, el establecimiento de la racista Rhodesia blanca para terminar en el conflictivo Zimbabwe de nuestros días.

Una mina sudafricana de diamantes a finales del siglo XIX.

Les invito a dar un paseo por la parte más oscura y probablemente más desconocida del Imperio británico en África y que, por razones obvias, Haggard omitió en su novela, donde el hombre blanco y el negro sacaron sus más bajos y salvajes instintos. Pero este libro también es para aquellos que, independientemente de la generación que sean, les ha tocado vivir en la moderna, tecnológica y relativista sociedad occidental, ello no nos impide mirar al pasado y buscar, en medio de la historia, un tiempo en el que la exploración, la aventura, los ideales y, por qué ocultarlo, las grandes batallas, en este caso de la época colonial británica, son, y seguirán siendo, un espejo de vivencias humanas que nos tienen atrapados en un tiempo en el que, como es mi caso y por innumerables motivos, nos hubiera encantado estar presentes.

Lamentablemente el siglo XIX se ha marchado, pero algunos, con la complicidad de su lectura por parte de quienes tienen en sus manos un libro como este, nos esforzamos en contarlo para no olvidar que un continente como África no solo fue la cuna de la humanidad, sino también el sitio donde unos guerreros anclados en el neolítico pudieron demostrar al imperio más grande que haya existido hasta la fecha que ellos no estaban dispuestos a ser derrotados tan fácilmente. Una historia de oro, diamantes, lanzas, fusiles, ametralladoras, misioneros, exploradores, leones, tierra… y sangre; la auténtica y verdadera historia de *Las minas del rey Salomón.*

Agradezco muy sinceramente la colaboración prestada por el Museo de Historia Militar Sudafricana, a mi asesor histórico y colaborador sudafricano de mis libros Terry O'Connor Logan, Librería del Congreso de los Estados Unidos, Archivo Nacional de Zimbabwe en Harare, National Gallery of Zimbabwe, Museo Nacional del Ejército de Londres, Museo de Historia Natural de Londres, Museo Africano de Johannesburgo, Universidad de Cambridge, Archivos de El Cabo, personal del Parque Nacional Gorongosa en Mozambique, Universidad de Oxford, Museo Americano de Historia Natural, Universidad de California, Librería Nacional de Sudáfrica, Ministerio de Turismo de la República de Mozambique en la provincia de Sofala, Departamento de la Vida Salvaje y Parques Naturales de Botsuana en Gaborone, South African Gold Panning Association, Paola Roca, Ángel Aledo, Trinidad Saura, Ministerio de Asuntos Exteriores de España, Sociedad Bíblica, José y Eva de lamueladecortes.com, Antonio Pérez Henares y al personal de los archivos de la Colección Campbell en Durban.

Capítulo I
Salomón, su sabiduría, su riqueza y la leyenda de las minas en África

> Me contó que, hacia el interior, tierras adentro y camino del Norte, había descubierto una antiquísima ciudad en ruinas, que seguramente debía ser Ofir, la famosa Ofir de la Biblia.
>
> *Las minas del rey Salomón.*

Salomón (Shelomoh en original), hijo de David y Betsabé, inició su reinado alrededor del 970 a.C. a la edad de aproximadamente veinte años. Su padre le puso este nombre por ser una derivación de la palabra hebrea *shalom* (paz) y también porque su reinado, a diferencia del suyo que había sido muy tormentoso, sería presidido por la paz. Tras la muerte de su rebelde hermano Absalón, que inició una revuelta para ocupar el trono en Jerusalén, su también hermano Adonías intentó dar un golpe en palacio, pero la guardia de David y el profeta Natán frenaron el intento y confirmaron a Salomón en el trono de Israel.

La primera decisión que tomó Salomón cuando asumió su puesto como rey fue la ejecución de Adonías y de su instigador, el general Joab. A partir de ese momento comienza el reinado de un hombre que pasará a la Historia no solo por sus enormes riquezas, sino también por su sabiduría. Salomón, tiempo atrás, había implorado a Dios que le concediera sabiduría para la administración de la justicia —en ese entonces una de las responsabilidades del rey— y Dios se la con-

Salomón, el más sabio y rico rey de Israel.

cedió[7]. El famoso veredicto sobre las dos mujeres que afirmaban que un niño era suyo y narrado en la Biblia en el primer libro de Reyes y segundo libro de Crónicas, solo hizo aumentar su ya enorme reputación en ese sentido.

Pero Salomón también fue un gran estadista. Su diplomacia con las naciones y las relaciones con las mismas fue su principal objetivo. A pesar de ello, mantuvo un poderoso ejército reclutado —dividido en 12 divisiones repartidas por el país— consistente en 1 400 carros de guerra tirados por caballos especiales, traídos desde Egipto y lo que hoy es Turquía, junto a 12 000 jinetes escogidos a los que acantonó en ciudades fortaleza en lo que hoy es el sur del Líbano para mantener su reino en paz. Salvo breves incursiones fronterizas, que estaban muy lejos de las grandes campañas impulsadas por su padre, su ejército nunca estuvo seriamente comprometido. Las ciudades militares de Meguido[8], Gezer y Hazor, acompañadas de una impresionante base logística, han sido descubiertas, y mucho del trabajo arqueológico emprendido en las mismas aún no ha concluido.

Igualmente levantó palacios y sobre todo recuperó el culto a Dios con la construcción del primer templo en la que destacó su oración de dedicación. La construcción se inició en el cuarto año de su reinado y 70 000 canteros-obreros tardaron siete años completos en terminarlo en la explanada del monte Morlah, inspirándose en el tabernáculo, aunque su dimensión final fue el doble del tamaño de este. Los muros del interior estaban revestidos con cedro y el suelo estaba laminado con pino. La madera había venido desde el Líbano flotando junto a la costa. Todo el interior del templo fue recubierto de oro y durante su edificación se usó piedra ya cortada a medida para ser ensamblada de manera que

---

[7] Tras la visión que Salomón tuvo en Gabaón confesó a Dios su debilidad y por ello su petición fue atendida, siéndole prometida, además, riqueza y honra.
[8] Esta fue la primera de las tres ciudades y había recibido este nombre por ser la que defendía el camino del paso de Meguido. Fue desenterrada en 1905 por el arqueólogo G. Schumacher en una extensión de 5,26 hectáreas. En 1925 el hijo de Rockefeller financió la segunda excavación y en 1934 tuvo lugar la tercera bajo la dirección de Gordon Laund. Los establos podían albergar hasta 450 caballos de guerra y estaban divididos en caballerizas para 24 ejemplares. Cada sección tenía un pesebre de piedra para el forraje o grano. En 1937 se desenterraron un total cercano a 400 objetos de marfil tallado. A finales del siglo XX nuevos trabajos sacaron a la luz mucha de la vida de los hombres que cuidaban a estos animales y sus propias viviendas.

Salomón en su trono según la descripción de la Biblia.

nunca se oyó el ruido de un martillo, ni cincel, ni instrumento alguno de hierro en el lugar de su montaje final. El templo estaba rodeado de ventanas, salvo el lugar santísimo que permanecía completamente a oscuras.

El interés de Salomón por las letras y las ciencias también fue enorme, al igual que su pasión desenfrenada por las mujeres (su harén disponía de algo más de mil), siendo el autor de varios salmos de la Biblia, 3 000 proverbios y también se le atribuye el libro de Eclesiastés y 5 000 cantares.

Salomón reinó cuarenta años en el trono de su padre David y los descubrimientos arqueológicos han demostrado que mucha de su magnificencia descrita en la Biblia se corresponde con la realidad, incluyendo sus famosas minas, si bien estas eran de cobre, situadas en las cercanías del puerto de Ezión-Geber.

LA REINA DE SABA VISITA AL REY

Posiblemente después de los juicios del rey, la visita de la reina de Saba sea uno de los pasajes más popularmente conocidos sobre su vida, pero ¿existió la reina de Saba?. Según el primer libro de Reyes la reina había oído sobre la fama de Salomón y vino a comprobar por ella misma si esto era cierto. No llegó con las manos vacías, ya que le acompañaba un buen número de sirvientes y camellos que traían perfumes y una gran cantidad de oro y piedras preciosas. Esto hizo aumentar la magnificencia de la corte de Salomón y el resultado fue, junto a otros motivos, que su trono y mesa estaban rodeados del lujo y la exquisitez. Los mercaderes que atravesaban su tierra tenían gran cantidad de productos y todos ellos pagaban impuestos.

Salomón estuvo a la altura de la fama de su sabiduría y supo dar respuesta a las incógnitas planteadas por ella. Además, la casa del rey, los manjares de su mesa, las habitaciones de sus siervos, el porte de sus consejeros y sus vestidos la dejaron sin aliento. Entonces la reina dijo:

> Cierto es lo que oí en mi tierra de tus cosas y de tu sabiduría; pero yo no lo creía, hasta que he venido, y mis ojos han visto que ni aun se me dijo la mitad; es mayor tu sabiduría y bien, que la fama que yo había oído.

> Bienaventurados tus hombres, dichosos estos tus siervos, que están continuamente delante de ti, y oyen tu sabiduría. Que el Señor tu Dios sea bendito, que se agradó de ti para ponerte en el trono de Israel; porque Dios ha amado siempre a Israel, te ha puesto por rey, para que hagas derecho y justicia.

Las apreciaciones de la reina de Saba no estaban equivocadas, ni en cuanto a la sabiduría del monarca ni a la riqueza del mismo, ya que el reino de Salomón, sobre todo en su parte final[9], vivió su máximo esplendor gracias a la expansión comercial impulsada por el propio rey (1º Reyes 10:14-29 y 2º Crónicas 9:13-27) para traer las mercancías en caravanas o barcos desde lugares tan lejanos como India, y más cercanos como Egipto, Asiria y Babilonia, junto a la enigmática tierra de Ofir.

El encuentro con la reina, más allá de los textos bíblicos, es recogido en otras tradiciones con narraciones que van desde lo erótico hasta lo político. De lo que no hay duda es de que en los últimos años se ha podido precisar, gracias otra vez a la arqueología, que Saba estaba situada en la actual Yemen, al sur de Arabia, y que el tráfico de especias como la mirra y el incienso, entregadas como presente a Salomón, eran la columna vertebral de las importaciones del país. Es probable que la reina, de la que algunos ponen en duda su existencia[10], fuera en realidad regente de las colonias sabeas establecidas en Arabia y quisiera compartir los beneficios comerciales de la flota situada en el Mar Rojo pudiendo ser este el verdadero motivo de su visita a Jerusalén.

LA TIERRA DE OFIR

La existencia de Ofir, riquísima en oro, es contada en nueve ocasiones en el Antiguo Testamento. El mismo rey David, después de reunir a sus principales consejeros y anunciarles que había elegido a Salomón como su sucesor, les recordó que le dejaba para la construc-

---

[9] Poco se sabe acerca del final de su vida, pero su codicia y estilo de vida, como recoge la Biblia, terminó desencantando a su pueblo. Su mayor drama fue que, aparte de su caída moral e idólatra, su sabiduría no le permitió dominarse a sí mismo y su apostasía fue el inicio de la división del reino de Israel.

[10] Los que por el contrario defienden su existencia afirman que esto es debido a un cierto desfase cronológico y afirman, como Josefo, que la reina era en realidad soberana de Etiopía y Egipto, pudiendo ser su verdadero nombre Hatshepsut.

ción del templo toda clase de piedras preciosas, mármol en abundancia y un tesoro de 3 000 talentos de oro de Ofir. Salomón hizo construir naves en Ezión-Geber (conocida como la flota real de Hiram junto a la ribera del Mar Rojo cerca de Ácaba) con diestras tripulaciones de marineros, para que fueran a Ofir y trajeran de allí más oro, madera de sándalo y piedras preciosas (durante el reinado de Salomón se ha estimado un volumen de tráfico total de 22 000 kilos de oro anuales). El rey Josafat también construyó naves con el mismo propósito, si bien estas fueron destruidas por una tormenta. Pero para el mundo antiguo ¿dónde estaba esta rica y enigmática tierra?

De todas las opciones, la más plausible es situarla en la región aurífera de la costa occidental de Arabia. Según la narración del Génesis sus pobladores descendían de Cus y hoy sabemos que la palabra Saba es una variedad de los términos *Seba* y *Sheba*. Los asirios también la situaban en el noroeste de Arabia. El historiador judío Flavio Josefo en su libro *Antigüedades* la identificó con la isla Menroé (entre el Nilo y su afluente Atbara). Otros la situaron en un lugar intermedio entre Egipto, Etiopía y Somalia (también llamado el cuerno de África). De hecho, los etíopes están convencidos de que la reina de Saba era uno de sus antepasados ya que, junto al oro entregado a Salomón, también se añadió un presente de marfil, pavos y monos reales. En la tradición de este país se afirma que la reina, de nombre Makheda, regresó embarazada de Salomón y que dio a luz, en lo que hoy es Eritrea, a su hijo Menelik, estableciéndose desde entonces un fuerte vínculo entre ambos países (la religión ortodoxa tiene actualmente una fuerte implantación junto al judaísmo) y que incluso este llegó a visitar a Salomón. En la región montañosa de Etiopía abundan las minas, incluyendo el oro, y no es descartable que los ricos presentes llevados a Israel fueran extraídos de allí.

El misterio sobre Ofir permaneció olvidado durante siglos hasta que la llegada de los primeros barcos portugueses a finales del siglo XIV[11], que recorrían la costa del océano Índico al doblar el cabo de Buena Esperanza, hablaron por primera vez de los rumores de la exis-

---

[11] En 1502 Lourenço Marques fundó una factoría que terminaría siendo el embrión de la futura ciudad que llevaría su nombre.

Las ruinas de la ciudad de piedra en Zimbabwe, origen de la leyenda de las minas del rey Salomón en África.

tencia de un misterioso lugar en el interior del África Austral, con grandes murallas de piedras que escondía un fabuloso tesoro. Tendrían que pasar dos siglos más para que la leyenda volviera a recuperarse gracias a la actividad de árabes y portugueses con las minas de oro, marfil y el tráfico de esclavos, quienes afirmaban que una civilización perdida, asentada a muy pocos kilómetros de la actual ciudad de Masvingo, escondía una gran riqueza.

LA CIUDAD DE PIEDRA

Las ruinas de esta ciudad, en la actual Zimbabwe, formaban parte de una gran muralla de 228 metros de circunferencia, nueve metros de alto y cuatro de espesor, construida con piedra seca de granito y un conjunto de edificios, también de piedras, que en un principio se pensó que podrían formar parte de una civilización perdida. La arqueología ha demostrado que tienen una antigüedad superior a los quinientos o mil años y que sus constructores eran nativos africanos que en un determinado momento la abandonaron por causas desconocidas. El descubrimiento de varias piezas de oro contribuyó aún más a la leyenda y se especuló con la posibilidad de que los tesoros que el rey bíblico Salomón había entregado a la reina de Saba, o bien los que ella llevó al rey, permanecían allí ocultos o en las inmediaciones[12].

Exploradores, comerciantes, misioneros y cazadores dieron autenticidad a la historia al poner desde la década de los años sesenta del siglo XIX a todo el territorio en el punto de mira de los blancos, especialmente, como veremos más adelante, de acérrimos defensores del imperialismo británico. Las excavaciones, efectuadas desde 1905 en las propias ruinas y los alrededores, han descubierto que los primeros pobladores fueron un linaje de reyes shona, entre ellos Nyatsimba Mutota, cuya obra de expansión la continuó su hijo Matope Nyanhewe, desmintiendo con ello la leyenda de que la ciudad había sido construida por hombres de raza blanca (una visión muy común de finales del siglo XIX cuando el civilizado hombre blanco consideraba al hombre negro un ser inferior, incapaz por sí mismo de construir tales edificaciones).

Fantasías aparte, lo que nadie pone en duda es que a partir de 1490 ocurrió algo que provocó el desmoronamiento del reino y su éxodo a lo que hoy se conoce como la zona de Monte Darwin, incluyendo a todos los habitantes de la ciudad de piedra (entre 18 000 y 30 000 almas). Las hipótesis planteadas de porque la ciudad de piedra fue abandonada van desde la presión ejercida por otra tribu hostil, una plaga de la mosca *tsé-tsé* que diezmara sus ganados y de ahí la necesidad de construir grandes recintos altos amurallados, un cambio de clima que provocara una gran hambruna, hasta la más plausible de todas, el agotamiento de los recursos naturales. Los poblados bantúes se asentaban en cada lugar una media de aproximadamente una docena de años y después lo abandonaban por estar esquilmado, permitiendo con ello su posterior recuperación. Un cambio en el concepto de vida de los últimos siglos, que abandonaba el pastoreo parcialmente trashumante, terminó quizá por dejarles sin recursos.

---

[12] En cierto modo no estaban equivocados, ya que en el distrito donde se encuentran estas ruinas al menos hay cinco minas en activo de las cuales dos son de oro en la meseta cercana.

Con los años la creencia de que en sus restos seguía existiendo oro atrajo sin ningún control a los buscadores de tesoros, quienes hasta 1981 provocaron un gran deterioro en varias de las construcciones, desmoronándose varias torres parcialmente y de las que desde la independencia del país se estudia su recuperación.

Todavía hoy el misterio permanece en torno a si existió alguna vez un lugar concreto que pudiera identificarse como el lugar descrito en *Las minas del rey Salomón* en África, cuando la malvada hechicera de la novela llevó a los protagonistas a una gruta perdida, pero la arqueología moderna está convencida de que, de ser así, se trataría de la cueva descubierta entre Zimbabwe y el Transvaal, en la colina Mapungubwe, donde aparecieron 24 sepulturas cuyos esqueletos estaban llenos de oro, diamantes sin tallar, figuras de animales salvajes confeccionadas en láminas de oro, y para todavía añadir un nuevo y desconcertante factor más a este difícil y laberíntico *puzzle*, porcelana china de los siglos XI y XII. Sencillamente una historia fascinante a la que Haggard no pudo resistirse.... y nosotros tampoco.

Capítulo 2
Matabeleland, el verdadero país que inspiró la novela
Las minas del rey Salomón

> Una vez en Inyati, la última factoría mercante en tierra de los matabele, nos fue preciso abandonar con melancolía nuestra confortable carreta. De los veinte bueyes que teníamos al salir de Durban, solo quedaban doce. Uno murió de un mordisco de una cobra, tres por falta de agua, otro se extravió en el camino y fue a parar, seguramente, a los corrales del rey Lobengula…
>
> *Las minas del rey Salomón.*

Durante el siglo XIX África del Sur vivió en una permanente convulsión como consecuencia del choque de culturas y sociedades entre los hombres de piel blanca y los de piel negra. Desde la fundación de Ciudad del Cabo un nuevo elemento perturbador entró en liza: los colonos de origen holandés (más tarde franceses, alemanes e ingleses), quienes no tardaron en sojuzgar a todas las tribus situadas en las inmediaciones de las diferentes colonias que fueron formándose, dando como resultado un total de nueve guerras fronterizas conocidas genéricamente con el nombre de Guerras Kaffir. Ni siquiera los poderosos zulúes se vieron ajenos al movimiento expansionista del hombre blanco.

En 1816 un nuevo rey de un clan menor llamado zulú alcanzó el poder, se llamaba Shaka. Hijo ilegítimo, había sufrido un gran desprecio por parte de la familia de su padre y, para intentar minimizar el problema, su madre Nandi, junto a una hija pequeña, huyó tres décadas antes hasta el poderoso clan de los mthethwa, donde su rey Dingiswayo les dio cobijo y protección. A los dieciocho años, Shaka se había convertido en un guerrero con un físico poderoso y con la determinación de reclamar el trono zulú tras la muerte de su padre. Mientras ese ansiado momento llegaba, Shaka, que estaba desarrollando una personalidad agresiva y visceral, pidió permiso para perfeccionar un viejo sistema de caza que se utilizaba contra las fieras, para que estas no escaparan; y trasladarlo a los campos de batalla que por entonces no eran más que enfrentamientos tribales sin casi derramamiento de sangre.

Tras recoger varias puntas de *isijulas*, las llevó a un herrero con instrucciones para que fabricara con ellas una hoja mucho más grande y ancha que, junto a un mango más corto y resistente, le permitiera usarla a corta distancia. Una vez terminada la llamó *iklwa* que, según la leyenda, era el sonido onomatopéyico que producía al introducirla y sacarla del estómago de un hombre. Igualmente, agrandó el escudo de guerra tradicional, confeccionado con piel de vaca y toro, para que de esa manera pudiera cubrir completamente a un guerrero desde el cuello hasta los tobillos.

Tras demostrar ante un clan rival de los mthethwa, con la aprobación de Dingiswayo y más de un centenar de sus seguidores, que el nuevo método consistente en una táctica envolvente era muy poderoso, tras rodear completamente al enemigo y no dar cuartel, apuñalando hasta la muerte sin hacer prisioneros, Shaka se dirigió hacia el poblado real zulú donde mató a su hermanastro Sigujana y se autoproclamó como nuevo rey de los zulúes. Desde ese momento, el concepto de la guerra cambió para siempre en África del Sur, con un resultado de trágicas consecuencias.

Convencido de que su nuevo sistema de combate llamado *Izinpondo Zankhomo* (los cuernos del búfalo) era una herramienta de dominación formidable, instruyó a 400 guerreros de su clan en su forma de combate. Los guerreros más jóvenes formarían los cuernos derecho e izquierdo, que rodearían al enemigo, mientras el pecho, también llamado testuz, lo compondrían guerreros veteranos que se dirigirían directamente al encuentro del enemigo. Una vez cercado completamente, la reserva, llamada lomo o riñones de la res, daba el golpe de gracia o impedía la llegada de tropas de socorro del adversario.

Guerreros zulúes pertenecientes a tres regimientos con todas sus galas ceremoniales. Muy pocas de estas prendas se llevaban en combate. Para la lucha los hombres apenas portaban el trozo de piel que tapaba sus genitales o una falda compuesta mayoritariamente de colas de mono, aunque los indunas llevaban una indumentaria más vistosa.

LA GRAN TRIBULACIÓN

Durante los siguientes doce años el reino zulú creció a un ritmo vertiginoso, multiplicando su extensión e influencia pasando a ser 300 clanes, y de un territorio de 250 km cuadrados a más de 50 000. Aquellos clanes que no se sometían eran eliminados completamente —tantos como 28 de ellos— en lo que se llamaba *impi mdombu* (guerra total) y los que lo hacían por propia voluntad eran integrados dentro del reino y del ejército zulú. Durante estos años, entre la guerra, el hambre y los desplazamientos, se perdieron alrededor de un millón de vidas humanas, ya que aquellos que eran empujados por el imperio zulú igualmente acosaban a otros. Este turbulento episodio de la historia sudafricana es conocido como el *mfecane* (la gran tribulación) donde el hambre y la desesperación llegó a ser tan extrema que se dieron casos de canibalismo.

Para los zulúes, un tranquilo pueblo de pastores que había emigrado desde el Congo, la nueva forma de guerrear los había cambiado completamente y, con ello, su sociedad entera que, desde entonces, se estructuró en torno a la figura del rey y su ejército con una lealtad inquebrantable.

Nadie podía casarse sin el permiso del monarca, lo cual no solía ocurrir hasta aproximadamente los cuarenta años, y todos los hombres tenían la obligación de servir en el ejército. A los siete años los niños varones tenían su primera experiencia marcial; eran apartados de sus madres y se les perforaban a continuación los lóbulos de las orejas. A los catorce años se formaba con ellos un *ibutho* (regimiento) para comenzar su adiestramiento militar en los *amakhanda* (cuarteles). Con dieciocho años, se presentaban todos los jóvenes del país en una gran ceremonia donde el mismo rey les daba un *iklwa*, un escudo, y le ponía nombre al regimiento. Los hombres, hasta la ancianidad, quedaban unidos así en un férreo espíritu de cuerpo y camaradería. Cada guerrero, después de las batallas, tenía la obligación de presentar su azagaya manchada de sangre, no hacerlo, junto a la desobediencia o la cobardía, equivalía a su ejecución inmediata. Igualmente, grandes actos de valor eran recompensados con ganado o con un collar de cuentas de madera llamado *iziqu*. El estatus de todo hombre poseedor del mismo adquiría una gran notoriedad y, desde entonces, era llamado por los demás «Guerrero Acuchillador».

Los poblados militares estaban estratégicamente situados por todo el reino, como una muestra de la influencia real, y cada regimiento tenía su propio cuartel, aunque algunos *amabutho*, aglutinados en cuerpos, podían estar todos juntos en un mismo distrito del país, comandados por un *induna* (general) quien a su vez nombraba a dos comandantes auxiliares. Siguiendo la forma circular, las chozas estaban confeccionadas con paja trenzada y prensada, el poblado militar se construía comenzando por la choza del hombre más importante, situada en la parte más alta, hasta que terminaban en la entrada del recinto. En medio, un gran patio central guardaba, junto a una empalizada doble de troncos de madera para protegerlos, el tesoro más preciado de los zulúes: el ganado. Curiosamente, era una mujer, siempre mayor de sesenta y cinco años y emparentada con la Casa Real, la encargada de su logística. Las mujeres en edad fértil y los niños menores de catorce años tenían estrictamente prohibida la entrada a un poblado militar.

En los tiempos de Shaka, el más grande de los *amakhanda* era conocido con el nombre de El Lugar Infinito, una referencia a su gran dimensión con alrededor de 1 100 chozas bajo el mando del *induna* Maphita. El total de los guerreros presentes en un regimiento se conocía por el número de *amaviyo*, que en los tiempos de Shaka era de aproximadamente 50 hombres. Cada compañía nombraba a su propio oficial y este tenía dos ayudantes. En líneas generales, los regimientos zulúes estaban en torno a los 1 000 hombres, aunque varias décadas más tarde, durante el enfrentamiento contra los chaquetas rojas del año 1879, algunos llegaban a multiplicar por seis esta cantidad, como fue el caso del agresivo regimiento *iNgobamakhosi* (seguidores-protectores del rey).

Cada regimiento no solo se diferenciaba de los demás por su nombre (en ocasiones muy poético, a pesar de ser un pueblo tan militarizado), también sus escudos y tocados de ceremonia eran distintos. Cuanto más veterano era un regimiento, más predominaba el color blanco o el rojo. Cuanto más joven era un guerrero, más color negro tenía su escudo. Penachos de plumas de avestruz o aves junto con pieles de animales salvajes como el leopardo y los pelos de las colas de las vacas, que se cortaban para ser llevadas atadas a los brazos o las piernas, complementaban la

Mzilikazi, fundador de la nación matabele, según un dibujo de 1836.

indumentaria. Una o dos lanzas para ser arrojadas, una maza de madera, llamada *knobkerrie* o *iwisa*, junto al tradicional *iklwa*, eran las armas para el combate. Doce años más tarde, el ejército zulú sumaba ya más de 15 000 efectivos, pero una parte de estos desertaron al lado de uno de los generales más notables de los regimientos del norte del reino zulú, se llamaba Mzilikazi KaMatshobane y era del poderoso clan khumalo.

EL CAMINO DE LA SANGRE

Mzilikazi[13] nació en 1790 al norte del río Negro uMfolosi, en el distrito Mkuze. Su padre, Mtshobane, era el jefe de un clan aliado de los mthethwa, por aquel entonces una de las potencias dominadoras de la zona controladas por su rey Zwide. Los khumalo habían emparentado con los mthethwa después de que una hija de Zwide se casara con Mtshobane. Pero con la caída de Dingiswayo y la subida de Shaka al poder, Mtshobane, que nunca había sido de la confianza de Zwide, fue ejecutado. Inmediatamente, Mzilikazi juró vengar la muerte de su padre y se convirtió en enemigo de su abuelo, pasando a formar parte de las filas de los *impis* de Shaka. El rey zulú pronto vio en él unas claras cualidades de liderazgo y, a los treinta años, le permitió formar parte del *iblandla*.

Desde 1822 Mzilikazi no compartía la política despótica de Shaka y, por otra parte, ambicionaba más poder, a pesar de que el rey zulú le había nombrado jefe indiscutible de su clan y le había permitido una cierta independencia. Pero, a pesar de las simpatías que Shaka pudiera tenerle, lo cierto es que llevaba tiempo recelando de sus comentarios y actuaciones[14] y, cuando en junio del mismo año envió a una parte de su ejército para detenerle, Mzilikazi y centenares de sus seguidores, con sus ganados y familias, hacía ya varios días que se habían marchado hacia la magnífica cordillera de las Drakensberg[15]. Una parte del ejér-

---

[13] Nombre zulú que quiere decir 'el camino de la sangre'. Una premonición de lo que claramente sería su vida.
[14] En una ocasión no había entregado a Shaka el ganado capturado después de una correría de sus regimientos.
[15] Las Montañas del Dragón para los bóers y para los zulúes Ukalamba, la Barrera de las Mil Lanzas.

La guardia del rey matabele Mzilikazi.

cito zulú los encontró, pero fueron derrotados, por lo que Shaka envió entonces a un regimiento de élite, el *uFasimba*. Tantos como 200 guerreros de Mzilikazi se sacrificaron para que el resto de su clan pudiera escapar. Dando la espalda a una montaña, lucharon hasta la muerte y con ello garantizaron que Mzilikazi cruzara el macizo montañoso. A pesar de que una parte del ejército zulú intentó posteriormente darles nuevamente alcance no lo consiguió, entre otras cosas por encontrarse accidentalmente con una gran concentración de sus tradicionales enemigos los swazis quienes, creyendo que se trataba de un ataque contra ellos, salieron a su encuentro.

La defección de Mzilikazi envalentonó a otro de los generales de Shaka, Soshangane, quien imitando el comportamiento del primero también abandonó el territorio zulú, aunque en su caso se desplazó al noreste estableciéndose en el sur de la actual Mozambique. Allí mantuvieron primero continuos enfrentamientos con las tribus del lugar y posteriormente con los portugueses, que los derrotaron definitivamente en 1885.

La auténtica historia de *Las minas del rey Salomón*

Bulawayo, poblado real matabele.

La llegada de Mzilikazi al territorio situado detrás de las montañas, y que hoy se conoce como Alto Veld, se saldó con continuas disputas con la tribu de los pedi, pero Mzilikazi puso en práctica el sistema militar zulú y, tras varias y decisivas batallas, se quedó como indiscutible señor de lo que hoy es una parte muy importante del territorio noreste del Transvaal[16]. Se especula con la posibilidad de que en realidad Mzilikazi quisiera ir después hasta la zona del actual Estado Libre de Orange, pero lo cierto es que decidió quedarse en su nuevo territorio conquistado, construyó un enorme *kraal* militar llamado *KawEkuphumeleni* (el lugar para descansar) y empujó hacia el norte a los sotho realizando contra ellos una campaña de destrucción total matando a los hombres y perdonando la vida a las mujeres más jóvenes, que fueran vírgenes, para que pasaran a ser esposas de sus guerreros. Las mujeres prisioneras eran inmediatamente sometidas a un profundo lavado de cerebro y quienes se resistían eran eliminadas.

---

[16] Nombre dado por los colonos blancos que quiere decir: Más allá del río Vaal. El territorio conquistado por Mzilikazi era de aproximadamente 30 000 km^2.

La táctica de Mzilikazi en el nuevo territorio era rodear los poblados por la noche, atacando al estilo zulú, y golpear frenéticamente el interior de sus escudos con los primeros rayos del alba. Tras quemar el poblado y apresar el ganado se retiraban. El efecto psicológico fue tremendo entre pueblos que seguían creyendo que la guerra era solo cuestión de hombres que se citaban en un lugar determinado para insultarse y posteriormente enfrentarse en un combate que tenía un protocolo muy establecido.

Sus enemigos comenzaron a llamarles *amaNdebele*[17] (el pueblo de los que ahuyentan o se protegen detrás de grandes y largos escudos). Como antes había ocurrido con Shaka, Mzilikazi se proclamó *iNkhosi aMakhosi* (rey de reyes) y fue aglutinando en torno a su monarquía nuevos súbditos de tribus vecinas que, ante el temor de ser casi exterminados como los shoto, se unían a él. Durante los siguientes ocho años toda la parte norte del río Pongolo estaba bajo su dominio, pero una amenaza mucho más poderosa que algunos de sus enemigos qricua, los únicos capaces hasta el momento de enfrentarse a Mzilikazi, quienes incluso en una ocasión habían conseguido robarle un buen número de ganado, estaba a las puertas.

LOS PRIMEROS COLONOS BLANCOS

El 16 de octubre de 1836, Mkalipi, el principal *induna* matabele y mano derecha de Mzilikazi, lanzó de 5 000 a 6 000 de sus guerreros contra una caravana de hombres blancos. Con el nombre de *voortrekkers* (aquellos que se mueven) se definían a sí mismos los ciudadanos de origen holandés que habían abandonado la Colonia del Cabo en busca de una ansiada tierra prometida; lejos de la influencia de Inglaterra que se había hecho dueña y señora de sus antiguas tierras, surgiendo un choque de culturas que para los bóers (granjeros) resultó insoportable.

---

[17] Años más tarde, los ingleses comprobaron que tenían alguna dificultad en pronunciar este nombre y lo simplificaron pronunciando «matabele», nombre con el que, desde entonces, son más conocidos. Sin embargo los seguidores de Mzilikazi se denominaban a sí mismos como los *hlabeamaZulu* (pueblo zulú que apuñala). Hay otra interpretación para el nombre matabele, basado en la forma en que los sothos llamaban a los zulúes: tebele.

La batalla de Blood River. Un decisivo encuentro que enseñó, al precio de 3 000 zulúes muertos, cómo enfrentarse a grandes concentraciones de guerreros por parte del hombre blanco.

Con su carro tirado por bueyes, su Biblia, sus ganados, su familia y su inseparable mosquete, se pusieron en marcha en busca de su destino. La caravana descubierta por los matabele era la primera que había partido a principios de enero del mismo año (bajo el mando de Hendrik Potgieter) y en ella había un niño de once años que más tarde iba a escribir una parte muy importante de la historia de Sudáfrica, Paul Kruger. Junto a él se encontraban otros seis muchachos que tenían desde la edad de Kruger hasta los dieciséis, junto a 33 hombres, 60 mujeres y 25 niños.

Parapetándose detrás de un *laager* de 40 carros atados uno junto a otro[18], con ramas llenas de espinas entre los espacios de las ruedas delanteras y traseras, en el terreno que después se conoció como Vegkop (la colina de la lucha), se prepararon para el asalto. Adicionalmente, un pequeño grupo de hombres a caballo había intentado horas antes frenar infructuosamente el avance del *impi*. Como medida de precaución toda

---

[18] Siete carros interiores, con un toldo de piel de buey completamente mojado, ocultaron a los niños.

la hierba que rodeaba el lugar fue deliberadamente aplastada, haciendo andar en círculo a los bueyes durante dos horas, para que los guerreros no pudieran ocultarse entre ella.

Los matabele lanzaron varios ataques para ser derrotados con grandes pérdidas, incluso Mkalipi recibió un disparo en un muslo. Fue una experiencia amarga y su primera derrota en muchos años. Ellos comprendieron que la mayoría de las tribus nativas no eran un enemigo para ellos, pero el hombre blanco y sus armas, las cuales mataban desde la distancia, era un *handicap* difícil de superar. Los zulúes no tardarían en experimentar lo mismo. Shaka sería asesinado por su hermanastro Dingane el 24 de septiembre de 1828 y, al igual que los matabele, Digane, el nuevo rey zulú, también intentó mantener al hombre blanco alejado de sus fronteras, pero después de la batalla de Río Sangre, donde el ejército zulú perdió hasta 3 000 de sus mejores guerreros, también aprendieron una dura lección: los fusiles del hombre blanco eran mucho más poderosos que sus azagayas y estas solo eran efectivas si conseguían llegar lo suficientemente cerca para ser utilizadas, algo que resultaba casi imposible ante una barrera de fusilería o la protección adicional de los carros.

Tras algunos pequeños éxitos, el 17 de enero de 1837 Mzilikazi fue obligado a huir del Transvaal por los nuevos colonizadores blancos quienes pasaron a la ofensiva destruyendo varios de sus grandes poblados desde el sur, coincidiendo con una incursión zulú desde el este. Incapaces de combatir en dos frentes, cruzaron el río Limpopo en dirección a la actual Botsuana, y tras ser nuevamente derrotados por los blancos (junto al *kraal* militar asentado en Kapain el 12 de noviembre de 1837) se trasladaron masivamente al territorio sur de lo que hoy es Zimbabwe.

El éxodo de más de 70 000 personas, junto a decenas de miles de cabezas de ganado, les obligó a separarse en dos grupos. El más numeroso de todos lo componían las mujeres, niños, ancianos y una escolta de 2 000 guerreros elegidos entre los hombres con más bravura dentro de su ejército. Mzilikazi tomó el mando personal del segundo grupo, en el que estaba el resto de sus guerreros, y de la mayoría del ganado con la intención de reencontrarse todos más tarde. Ambos grupos diseñaron tácticas diferentes. El primero debería evitar todo enfrentamiento militar de gran envergadura que les pusiera en un gran aprieto. El segundo, claramente, era un gigantesco *impi* con claras intenciones de guerra. El primero de los dos grupos que alcanzara el sur del actual río Zambeze (en la zona montañosa del país de los shonas) debería permanecer a la espera de su encuentro con el otro.

El rey matabele había encontrado más problemas de los esperados. El primero de ellos fue que junto al lago Ngami su ejército fue frenado y su ganado sufrió de una enfermedad desconocida para ellos, transmitida por la mosca *tsetsé*. Hasta entonces la enfermedad que producía no se había manifestado en ningún momento ni en Zululandia ni el Transvaal. El revés fue tan importante que decidieron no seguir combatiendo y buscaron hacia el este al segundo grupo, pero cuando por fin los encontraron una nueva sorpresa los esperaba. Durante la ausencia de todo un año muchos creyeron, incluyendo a varios *indunas*[19], que probablemente Mzilikazi y sus hombres habían muerto y decidieron coronar como su nuevo rey a uno de sus hijos, por entonces tan solo un niño. La ira de Mzilikazi solo fue aplacada cuando los participantes de lo que él consideró una conspiración fueron ejecutados.

LOBENGULA, EL ÚLTIMO REY MATABELE

La ocupación de la nueva tierra estuvo también salpicada de continuos enfrentamientos con las tribus allí asentadas, los shona y los kananga, a los que finalmente derrotó y empujó al norte quedando el río Zambeze como frontera norte, aunque los shona fueron desde entonces su peor enemigo nativo y las incursiones y enfrentamientos de diferentes intensidades entre ambas tribus, una constante. En 1842 una partida de guerra shona, en un gesto de profunda desesperación pero también de gran crueldad, intentaron atemorizar a los matabele atacando un pequeño poblado fronterizo de Matabeleland[20]. Tras matar a todos los hombres y los niños, capturaron a las mujeres, a las que poco después

---

[19] Literalmente líder, pero para un pueblo tan militarizado como eran los zulúes y los matabele, se empleaba para designar a un oficial de alto rango dentro del ejército.
[20] En realidad el nombre del país conquistado por esta escisión zulú fue bautizado por Mzilikazi como Mthwakazi (lo pequeño que se hizo grande con sangre) pero la nomenclatura Matabeleland, hasta su cambio por Rhodesia como consecuencia de la conquista por parte de los hombres de Cecil Rhodes, se hizo mucho más popular entre los blancos.

El rey matabele Lobengula KaMizilikazi Khumalo. Claramente fue engañado por el hombre blanco que ambicionaba su tierra riquísima en yacimientos de oro y diamantes. Sus guerreros respondieron a esa amenaza y fueron masacrados. Huyó de su poblado —Bulawayo—, fue perseguido y murió más tarde después de envenenarse para no caer en manos de los blancos.

amputaron en vida todas sus extremidades dejándolas en campo abierto para que murieran desangradas y sus cuerpos fueran devorados por los leones. Fue lo peor que pudieron hacer. Los *impis* matabele demostraron a partir de entonces que lo peor de ellos aún no lo conocían. Por testimonios de misioneros ahora se sabe que de no haberse refugiado en su momento en las montañas, hoy, los shonas, serían una tribu completamente extinguida en África.

Al morir Mzilikazi[21], durante la tarde del 9 de septiembre de 1868 a la edad de setenta y ocho años, le sucedió su hijo Lobengula[22] que había nacido en el Transvaal en 1837. Inicialmente Lobengula no era el que la tradición marcaba para ser el sucesor ya que, como zulúes que en el fondo eran, seguían las directrices de sus antepasados, los cuales estipulaban que el primer hijo varón de la principal esposa era el legítimo sucesor, pero cuando llegó el momento, curiosamente, el heredero había desaparecido y nunca más se supo de él[23]. Claramente la mano de Lobengula había estado detrás de este sospechoso suceso. Una parte de los matabele, dirigidos por un *induna* llamado Zwangendaba, comprendieron que algo raro le había ocurrido al heredero Mnkhulamane, hijo de Loziba, la esposa favorita de Mzilikazi muerta en 1861, y se opusieron a la coronación de Lobengula, además porque no era de pura sangre zulú ya que su madre, Fulatha, era de origen Swazi y años atrás había conspirado contra Mzilikazi[24]. Una cruenta guerra civil estalló prolongándose durante dos años tras la cual Lobengula quedó como claro

---

[21] Un joven misionero llamado Thomas fue el último hombre blanco en verle con vida apenas unos días antes. La única cosa que por entonces le provocaba alguna clase de emoción era el nombre Mtjete (ver capítulo «Misioneros»). Mncubata, el primer ministro de la nación, ordenó un año completo de luto que 5 000 guerreros cumplirían para que nadie se lo saltara. La misma tarde de la muerte de Mzilikazi, y antes de que se produjera el rígor mortis, fue envuelto en la piel de un toro en posición sentada y puesto en el interior de una choza para ser velado dos días completos.

[22] Nombre zulú que quiere decir: El que guía como el viento.

[23] Durante varios meses el heredero fue buscado por todo el reino, incluso un corredor llegó hasta la colonia británica de Natal para preguntar a *sir* Theophilus Shepstone, secretario de Asuntos Nativos, si él sabía algo sobre su posible paradero.

[24] La sociedad matabele era enormemente clasista y estaba dividida en tres grupos. El primero y más importante era el que estaba formado por los de origen netamente zulú, los únicos con derecho a sentarse en el consejo del reino y a mandar un regimiento. Los segundos eran los descendientes de aquellos con los que los zulúes habían tenido hijos (swazi, pedi, tonga, etc.), como era el caso de Lobengula, y, finalmente, en la

vencedor y el único con derecho a sentarse en el trono. La última gran batalla, ocurrida el domingo 5 de junio de 1870, había sido dirigida por él mismo, combatiendo al estilo de Shaka, al frente de sus guerreros, lo que le ganó el reconocimiento de sus hombres. A primera hora del sábado anterior, Lobengula, montado en un caballo, y con el primer ministro a su lado, sentado sobre un carro de mulas por su avanzada edad, arengó a sus seguidores:

> Hablaré con Mnbigo[25], pero si él rechaza llegar a un pacto, vosotros, el ejército, debéis estar preparados para mostrar que solo puede haber un único rey en la nación.

El domingo los enviados de ambos ejércitos habían llegado a un acuerdo en el que Lobengula y Mnbigo se encontrarían frente a sus respectivos *impis,* para intentar alcanzar al menos un punto en común que diera por terminada la campaña, pero Mnbigo había apostado a tres tiradores para que cuando Lobengula estuviera a su alcance le dispararan. Lobengula se acercó confiadamente, acompañado ahora por uno de sus hermanastros, cuando sonaron los disparos a traición. Dos de las balas pasaron silbando por encima de su cabeza y otra mató al caballo de su hermanastro al ser alcanzado en el cuello. Tras socorrer a su hermano, Lobengula regresó hasta sus filas y, desmontando, contraatacó. La batalla comenzó a las 11 de la mañana con el cuerno derecho de los seguidores de Lobengula atacando al centro de los antimonárquicos, que habían sido al principio contenidos por un tremendo fuego de mosquete. Tras recuperarse de su primer fallido ataque, Lobengula situó junto a su flanco derecho a los guerreros del centro y los empujó a un certero ataque sobre la parte aparentemente más débil de sus opositores; fue un encuentro al viejo estilo de combate zulú, azagayas contra azagayas y escudos contra escudos. Hasta cerca de las dos de la tarde, según el testimonio del misionero Thompson, uno y otro bando apuñalaron a sus oponentes hasta casi la extenuación cuando Mnbingo resultó muerto y se

---

escala social más baja, se encontraba lo que ellos llamaban *holi* ('sirvientes'), y que estaba formado por los moradores originales shonas y que a todos los efectos casi carecían de derechos, salvo que hubieran pasado a formar parte del ejército matabele como un guerrero más.

[25] Mnbigo era uno de los *indunas* opositores.

La auténtica historia de *Las minas del rey Salomón*

Lobengula, todavía como príncipe, escucha el informe
de dos de sus exploradores.

produjo el definitivo cambio de giro en la batalla. Arrojando sus escudos, el resto de los oponentes de Lobengula salieron corriendo y fueron perseguidos con saña por el cuerno derecho de los victoriosos realistas.

A las tres de la tarde el campo de batalla estaba en completo dominio de Lobengula, quien a pesar de las peticiones de clemencia para los heridos pronunciadas por Thompson y otro blanco presente de nombre Sykes, el *impi* de Lobengula remató sistemáticamente a los heridos que encontró, mostrándose especialmente con saña entre aquellos hombres que por su liderazgo podían identificar. Tras incendiar el principal poblado rebelde el *impi* realista se retiró a Bulawayo, con centenares de ovejas, cabras y bueyes como botín de guerra. El 22 de enero de 1870, delante de más de 8 000 guerreros que por espacio de una hora estuvieron coreando su nombre, Lobengula se convirtió en el nuevo rey de la nación matabele. Tras cuatro días de descanso, la fiesta de coronación continuó después una semana completa en la que no faltaron vistosos bailes ceremoniales de los regimientos presentes, y para los que se sacrificó como alimento a más de 100 reses blancas del rebaño real. Igualmente se consumieron miles y miles de litros de cerveza elaborada artesanalmente. La coronación de Lobengula se había preparado para que coincidiera con la gran semana de la nación, la Fiesta de los Primeros Frutos también llamada la Fiesta de las Doce Lunas.

Los primeros en presentarle sus respetos, a quien desde entonces sería llamado con el sobrenombre de El Gran Elefante, fueron los *indunas* de cada uno de los regimientos de su poderoso ejército. Durante unos minutos cada general, claramente identificable por llevar una única y larga pluma de gruya sujetada sobre la frente por una tira de nutria que le rodeaba la cabeza, glosaba sobre el nombre de su *ibutho* y las hazañas militares que permanecían en su haber. En el caso de los regimientos más jóvenes, cinco en total, que aún no habían participado en combate, su *induna* asumía prematuramente la gloria que para el reino matabele ellos iban a conseguir. Luego, el regimiento favorito de Lobengula, el *mNbezu,* fue el primero en entrar en el patio central de Bulawayo. Llevando grandes escudos blancos y rojos, a los que golpeaban con las puntas de las lanzas en su parte interior, colas de mono y felinos colgando de su cintura, pelos de la cola de los bueyes sujetados en el antebrazo y por debajo de las rodillas, y una gran bola de pequeñas plumas negras de avestruz en su frente, formaron un gran semicírculo alabando a su nuevo amo y señor y pidiendo a los espíritus de los antepasados que le protegieran. Por espacio de siete días se repitió una y otra vez la misma escena, y con la llegada del crepúsculo los agotados guerreros se dispersaban por el poblado para buscar acomodo y alimentarse con carne, la cual estaba terminantemente prohibido cortar con cuchillos o lanzas una vez entregada para su consumo.

Lobengula era un hombre alto, de más de un metro ochenta, muy corpulento, estrábico, con tendencia a la obesidad, con una memoria prodigiosa y una enorme crueldad y desprecio por la vida humana. Con los años engordó terriblemente, y sufrió por ello ataques de gota y, como también había ocurrido con el rey zulú Mpande, ordenó construir para él un pequeño carro para ser tirado por dos sirvientes. Tenía un enorme interés por todas «las cosas» del hombre blanco y cualquiera de ellas le provocaba una gran fascinación. Para largos desplazamientos disponía de varios carros tirados por mulas, los cuales eran guardados bajo un cobertizo especial de toldos confeccionados con pieles de bueyes, para protegerlos de las intensas y frecuentes lluvias. Llevaba un anillo de goma seca sobre su cabeza, el *isicoco*, mostrando con ello su estado marital y, en ocasiones más solemnes, un tocado de plumas de gruya. Frank Thompson, uno de los agentes de Rhodes, dejó de él en 1889 la siguiente descripción:

> Lobengula tiene entre cuarenta y ocho y cincuenta años. Él camina como no he visto a ningún otro hombre hacerlo antes. Subsecuentemente después de mover sus pies de elefante, plantándolos en el suelo como si fueran a quedarse allí para siempre; y moviendo sus hombros de lado a lado, mira alrededor de una manera que da miedo con los ojos inyectados de sangre, y cuando los mueve de arriba abajo de manera tan señorial, les cuento que es suficiente para asustar a cualquier hombre..

Otro de los blancos que le conoció personalmente, llegando incluso a vivir varias semanas bajo su hospitalidad, y que dejó una honda impresión en él lo describió como:

> … un hombre elegante, excesivamente gordo, pero está bien proporcionado y su piel es tersa. Sus facciones pueden ser en un determinado momento como las de un animal salvaje o tener la más agradable de las sonrisas. Es capaz de devorar ingentes cantidades de carne semicruda

> acompañada de cerveza. Todos los hombres se agachan ante su presencia y cualquier interrupción o gesto de desaprobación puede provocar la más terrible cólera, para desdicha de los demás.

El comisionado de Bechuanaland destacó de Lobengula su prodigiosa memoria, capaz de recordar casi palabra por palabra una conversación de varios años atrás así como su capacidad para juzgar. Su asiento favorito era el cajón de una carreta y su cuerpo solía estar cubierto por una manta de color rojo, sus pies envueltos en telas sucias de franela y en los últimos años de su reinado llevaba un gorro regalado por un cazador, incluso llegó a tener cierta fascinación por los zapatos del hombre blanco.

La entrada a su choza, a diferencia de los reyes zulúes que solían poner sobre la entrada un cráneo de elefante con sus colmillos cruzados, él tenía una hilera de cráneos de bueyes y perros. La distancia mínima permitida para estar junto a él, con la excepción de sus esposas[26], hijos y consejeros, era de media docena de yardas y todo el que quisiera hablar con él tenía primero que arrodillarse y agacharse hasta que su frente alcanzaba la altura de las rodillas, mientras continuamente, antes de cualquier otra intervención, debía alabarle.

Sus guerreros le llamaban «el comedor de hombres», no tanto como una referencia al canibalismo como a su inclinación por la aniquilación de sus enemigos, al igual que de sus propios súbditos e incluso de miembros de su propia familia[27]. La mujer de uno de sus *indunas*, que fue ejecutado por una orden del rey, años más tarde, ya bajo el dominio del hombre blanco, le pidió que intentara contar una cualidad de Lobengula, o algo relacionado con su personalidad. La mujer guardó durante unos largos segundos un profundo silencio,

---

[26] Su favorita era la reina Loskay, quien debido al sedentarismo y a la abundancia de comida llegó como Lobengula a engordar terriblemente. A pesar de su obesidad, y para deleite del rey, ella danzaba para él ataviada para la ocasión con una falda de piel de cabra. Loskay, que conocía perfectamente la preferencia de Lobengula por ella, abusó en muchas ocasiones de su posición de privilegio entre las demás mujeres y se llegó a decir que era mucho más cruel que el propio rey.

[27] El día después de su coronación, su primera orden fue la ejecución de nueve hermanos y una hermana que no habían tomado partido por él, durante la guerra civil, en la sucesión.

luego, alzó su rostro buscando los ojos de quien le había preguntado y tras una profunda respiración contestó:

> Sabía cómo matar... no había otro que matara tan bien; sí, en efecto, él mataba muy bien.

Después del propio rey la persona más intrigante entre los matabele era la bruja hechicera a la que llamaban Nini. Salvo el propio rey, nadie sabía exactamente dónde vivía ni cuántos años tenía, pero los misioneros estaban seguros de que pasaba el centenar de años y de que era una *hija del demonio*. Había sufrido varios atentados y el rey había asignado a una docena de hombres de su regimiento favorito que la escoltaran con la seria advertencia de que si ella fallecía ellos mismos pagarían con su vida. Su aparición de improviso en el poblado real provocaba de inmediato una desbandada general entre las mujeres y niños, ya que todos conocían la trágica influencia que ejercía sobre Lobengula. Se decía que tenía el poder de la adivinación y de usar ritos para que lloviera. Cuando Lobengula falleció nunca más se supo de ella, aunque como veremos más adelante no le faltaron imitadoras[28].

Aparte de esta siniestra mujer que le rendía pleitesía, Lobengula tenía entre 70 y 200 mujeres, entre esposas y concubinas, y en su reino vivían alrededor de 200 000 almas, de ellas alrededor de 15 000 eran guerreros que iban desde los dieciocho y hasta los cuarenta y siete años. Pero toda la magnificencia de Lobengula no le sirvió de nada, ya que a lo largo de su reinado intentó siempre negociar y querer contentar, en muchas ocasiones por miedo, al hombre blanco, y esto significó su fin. Bajo la experiencia de su propio padre Mzilikazi, que por la presión de los bóers había tenido que mudarse, Lobengula sabía que ahora, en caso de dificultades, ya no era posible un nuevo éxodo. A su oeste estaba Bechualandia (hoy Botsuana), que se había convertido en un protectorado inglés, al este estaban los portugueses con Mozambique, al sur el Transvaal, Swazilandia y Zululandia, ahora absorbido por la corona británica, y al norte los shona (hoy Zambia) y, más arriba, lo que actualmente es Angola y el Congo. Solo tenía una tierra, no estaba dispuesto a perderla, y en contra de su voluntad le obligarían a luchar por mantenerla.

---

[28] Rider Haggard la convirtió en uno de los personajes de la novela *Las minas del rey Salomón,* incluyendo su maldad e influencia, con el nombre de Gagula.

Capítulo III
El hombre blanco codicia la tierra, el oro y los diamantes africanos

> Los montes de Saba iban quedando a nuestras espaldas, muy lejos, envueltos en los velos diáfanos de la niebla. La llanura se extendía delante de nosotros, cada vez más anchurosa y más rica.
>
> *Las minas del rey Salomón.*

Los primeros en saber que el territorio matabele era rico en oro y diamantes[29] fueron misioneros como Robert Moffat, que había vivido allí durante casi un cuarto de siglo y conocía personalmente al geólogo alemán Karl Mauch, quien en 1864 había descubierto oro al norte del río Tati, junto al prospector Adam Renders.

    Moffat compartió con los matabele una parte muy importante de su vida, de hecho, la mayoría de lo que conocemos de la historia de este pueblo africano está directamente relacionado con su testimonio. Sorprendentemente Mzilikazi tenía un gran afecto personal por este hombre al que facilitó constantemente su trabajo como enviado de la Sociedad Misionera de Londres.[30] La primera noticia que el misionero tuvo sobre la existencia de los matabele fue cuando estos comenzaron su primera diáspora. Uno de los miembros de su parroquia, un nativo

---

[29] La primera concesión minera la otorgó Lobengula a finales de 1870 al oeste del río Shashi.
[30] El primer trabajo de la Sociedad Misionera de Londres comenzó en la provincia del Cabo en 1799.

qricua convertido al cristianismo, le avisó de que había sido testigo de un ataque a un poblado bechwana y que solo su presencia podía impedir que los ataques continuaran. Tras un culto de adoración, en la capilla de la misión, y juntando con él a varios de sus seguidores, montaron en caballos y se llevaron dos carros con provisiones extras.

Moffat ya había tenido experiencia anterior con jefes hostiles. Uno de ellos quiso en una ocasión lancearle delante de su familia, pero en su propia experiencia había comprobado que la psicología podía ser un arma más poderosa que un potente fusil. De camino al norte del actual territorio del Transvaal, el rastro dejado por los matabele era espantoso, pueblos enteros habían sido destruidos y ahora solo se podían observar las paredes derribadas de los muros de estiércol mezclados con cráneos humanos. Donde antes había existido un poblado lleno de vida, ahora solo vivían los reptiles y las bestias de presa. Nadie mejor que el propio Robert Moffat para describir el primer encuentro de un hombre blanco con el rey Mzilikazi:

> Procedimos directamente hacia el poblado, y al cabalgar hacia el centro del terreno más grande, fuimos sorprendidos al encontrarnos rodeados por ochocientos guerreros, además de otros doscientos que se habían ocultado a cada lado de la entrada, como si fuera una emboscada. Se nos pidió que desmontáramos, lo cual hicimos, sosteniendo las bridas de nuestros caballos en nuestras manos. Al instante los guerreros situados en la entrada se precipitaron hacia nosotros con terribles alaridos y saltando sobre la tierra con una especie de falda escocesa alrededor de sus cuerpos, de la cual colgaban colas cortadas, y sus grandes escudos, asustando a nuestros caballos. Entonces ellos formaron un círculo, en el que uno se daba cuenta que estaba realizado como si ellos hubieran recibido una táctica europea. Allí permanecimos de pie, rodeados por guerreros, cuyas faldas escocesas eran de pieles de mono, y sus piernas y brazos estaban adornados por el pelo y las colas de bueyes, sus escudos alcanzaban hasta su barbilla y sus cabezas adornadas por plumas.
>
> Un profundo silencio siguió durante diez minutos; entonces comenzó una canción de guerra, moviendo sus pies seguidos por el ritmo. Nadie se acercó, aunque sus ojos no dejaban de mirarnos. Entonces todo se volvió de nuevo silencioso y Mzilikazi avanzó desde detrás de las líneas con un intérprete, y con asistentes llevando carne, cerveza y otros alimentos. Él nos dio un saludo afectuoso y aparentemente lleno de alegría.
>
> Los carros fueron el objeto que más llamó la curiosidad del monarca. Él los examinó cuidadosamente, sobre todo las ruedas; una parte era un profundo misterio; ¿cómo la cubierta de hierro que rodeaba la rueda podía estar allí sin un final o una unión?

El reverendo Robert Moffat, un hombre extraordinario.

Durante los siguientes ocho días nació la amistad que perduraría para el resto de sus vidas entre el monarca y el misionero, hasta el punto de que en una ocasión Mzilikazi puso su mano sobre el hombro de Moffat y le dijo:

> Mi corazón es todo blanco como la leche; todavía me pregunto cómo ha surgido el afecto por un forastero al que nunca antes había visto. Usted tiene fe en mí, usted me ha protegido, usted me ha llevado en sus brazos. Vivo hoy por usted, un forastero.

Moffat le contestó que él no era consciente de haberle nunca dado un servicio tan grande para unas palabras como esas, pero Mzilikazi le contestó que tiempo atrás, él, sin saberlo, había hospedado a dos de sus exploradores, los «cuales estaban siendo perseguidos...»

> ... usted se convirtió en su escudo, y al hacerlo con ellos, cuando podían haber sido matados, usted me lo hizo a mí, Mzilikazi, el hijo de Mtshobane.

Tras varios días más en el poblado de Mzilikazi, Moffat aprovechó para predicarle el Evangelio y luego decidió que había llegado el momento de regresar a Kuruman. El rey matabele le escuchó con escasa atención y le asignó un grupo de sus mejores guerreros para acompañarlos como escolta. Ambos hombres se despidieron y, mientras el rey matabele le recordó que en su poblado siempre podría encontrar alimento para su misión como calabazas, maíz, cebada, habichuelas y ganado, Moffat aprovechó nuevamente para decirle que él vendría siempre y cuando le permitiera seguir presentándole el mensaje de salvación, a lo que Mzilikazi le respondió afirmativamente. Como compensación Moffat le regaló uno de sus carros y Mzilikazi le llamó desde entonces Mtjete[31].

La siguiente ocasión en que el misionero y el rey se vieron fue en junio de 1835. La hostilidad hacia el Evangelio seguía siendo alta, pero Moffat no encontró problemas en transmitir una vez más el mensaje de salvación, con la colaboración en la traducción de un sequana que estaba deseando terminar y salir cuanto antes del poblado real. Cuando

---

[31] La traducción es complicada pero se asemeja a «aquel que es considerado mucho más que un amigo».

La auténtica historia de *Las minas del rey Salomón*

Sir Henry Morton Stanley, uno de los mayores exploradores de los ríos del África centro-oriental, incluyendo el lago Victoria. Amigo personal de Cecil Rhodes, le transmitió valiosa información sobre el río Zambeze y el territorio shona.

terminó su predicación, Mzilikazi se acercó y compartió con Moffat que él tenía mayor y mejor respuesta entre sus hombres, sobre todo porque la desobediencia, deslealtad, cobardía o la práctica de la brujería equivalían a una muerte inmediata, aunque en un acto de profunda sinceridad sabía que en el fondo no era más que una hipocresía, y hablando en secreto al oído del misionero le dijo:

> Estos bribones hipócritas intentan persuadirme de que soy de su agrado, cuando en el fondo todo lo que ellos desean es verme muerto.

En respuesta el misionero le contestó que los reyes de la casa Tudor, y todos aquellos que les sirvieron, sustancialmente no diferían demasiado de lo que él estaba viendo en África. Moffat era escocés y tras realizar varios oficios, a pesar de haber nacido en una familia piadosa, su vocación misionera no comenzó hasta el año en que vino a África: 1817. Su misión más famosa fue Kuruman, la cual mantuvo hasta su regreso a Inglaterra en 1870. La llegada del aventurero, cazador y dibujante William Harris, que vivió durante un tiempo en la casa de Moffat, durante la década de los años treinta nos han dejado varios dibujos, entre ellos el del propio Mzilikazi y el de su guardia personal. Moffat pasó largas temporadas con los matabele, ganándose la confianza y amistad profunda de su rey, acompañándole durante una parte de su éxodo e incluso después durante los años 1829, 1835, 1854, 1857 y 1859. Su hija Marie nació en uno de sus poblados y se casó en 1844 con otro escocés, también misionero, que estaría entre los primeros blancos en pisar el país matabele, y que ganaría fama mundial: David Livingstone.

¿EL DOCTOR LIVINGSTONE, SUPONGO?

Livingstone se encontraba en África desde 1841 explorando territorios, ya que hasta entonces existía un profundo misterio alrededor de su interior, y en 1855 descubrió las impresionantes cataratas del río Zambeze, siendo el primer ser humano de raza blanca en verlas, a las que bautizó con el nombre de su reina: Victoria.

En realidad la geografía africana tiene en el escocés Mungo Park al primer gran explorador europeo que en 1795 siguió el curso del río

Livingstone, explorador, aventurero y, sobre todo, salvador de almas.

Níger. En 1805 tras un penoso encuentro con los nativos y las enfermedades, se retomaron las expediciones y nombres como Denham, Clapperton, Lander, Barth, Rohlfs, Schweinfurth, etc. siguieron dando gloria al continente. Pero la mayor fascinación se encontraba en descubrir las fuentes del Nilo.

Livingstone, que había nacido el 19 de marzo de 1813 y se había convertido en médico en 1838, tenía tanto pasión por Jesucristo como por la exploración y era un firme defensor de la necesidad de la salvación del ser humano, lo que realizó mientras se convirtió en el primer blanco en atravesar África de oeste a este. La Sociedad Misionera de Londres le envió a África y, al hacerlo, Livingstone se convirtió en todo un héroe y una gran celebridad en Inglaterra, primero, tras su desaparición y segundo, por su posible muerte a manos de los indígenas. La realidad es que Livingstone aportó un conocimiento geográfico del interior de África sin precedentes hasta ese momento.

El explorador de origen americano Henry Morton Stanley, tras una penosa búsqueda patrocinada por el *New York Herald*[32], encontró al misionero y médico el 28 de octubre de 1871, en la región de Ujiji, junto al lago Tanganika[33]. Las palabras pronunciadas después han pasado a la Historia: «¿El doctor Livingstone, supongo?».

La respuesta no pudo ser más escueta: «Sí, señor».

Livingstone había visto en una ocasión a un *impi* matabele de escudos negros y penachos de plumas blancas de avestruz. La impre-

---

[32] En Londres, donde desde hacía tres años no se sabía nada de Livingstone, el gobierno recibió presiones enormes para buscarle y finalmente empezó también los preparativos para ello, aunque la noticia de su localización los detuvo. Para muchos británicos resultaba indignante que un norteamericano fuera en rescate de uno de los británicos más estimados.

[33] La última vez que Livingstone había estado en Inglaterra fue en 1866 y ese mismo año partió de nuevo a África —momento en que ya no se recibió ninguna noticia sobre él— para, con el patrocinio de la Royal Geographical Society, buscar el nacimiento del Nilo. La información aportada por varias caravanas que insistían en la presencia de un hombre blanco que vivía entre los nativos en Tanganika fue un estímulo para su búsqueda, y en el momento en que él fue encontrado, según el propio testimonio de Stanley cuando lo vio, y, antes de su célebre pregunta, se quedó un tanto desconcertado al verle vestido de manera algo extraña. Por aquel entonces el célebre misionero estaba seriamente enfermo y murió dos años más tarde, concretamente el 1 de mayo de 1873 al noroeste de Rhodesia (hoy Zambia). Lo encontraron muerto de rodillas, en actitud de oración, con su Biblia abierta. Siempre dijo que sus tres grandes pasiones en la vida habían sido Jesucristo, África y su esposa Mary que había fallecido por disentería el 29 de abril de 1863.

sión que le causó fue tan profunda que los llegó a describir como una de las naciones guerreras más llamativas de todas las que él había conocido, un hecho corroborado por su propia esposa que en muchos aspectos se había criado con ellos.

La influencia de los misioneros durante el siglo XIX fue muy escasa con los matabele, como ocurrió igualmente con los zulúes. El rey simbolizaba para ellos la conexión más fuerte con la deidad, y la predicación del Evangelio chocó frontalmente con este obstáculo, además de lo que suponía el abandono de la poligamia. En 1864 Mzilikazi ordenó la expulsión de los misioneros de todo su territorio, con órdenes de ejecutar a quien no cumpliera su voluntad, con la excepción de Moffat, a quien se le extendió un salvoconducto para visitar a Mzilikazi cuantas veces quisiera, aunque Moffat no volvió a pisar nunca más el poblado real por solidaridad con el resto de los misioneros y continuó durante varios años más su tarea evangelística en Kuruman. El 12 de octubre de 1868, su hijo John escribió cómo era una de las semanas en la misión *más conocida de África en el siglo XIX:*

> El servicio de culto en la misión comienza con una reunión de oración a la salida del sol del domingo; predicando en Sechwana, la mañana, la tarde, y con el servicio de escuela dominical dos veces. La temprana reunión de oración es dejada completamente en manos de los nativos, tres servicios en los que predican los misioneros y la escuela dominical, con servicio de jóvenes, que lleva mi hermana. Hay también los miércoles un servicio por la tarde de culto, además de una reunión mensual, una reunión de iglesia y un culto de oración los jueves por la tarde. Este último se deja en las manos de los nativos. Ningún nativo toma cualquier parte en la predicación en la misión, excepto en casos extremos. Mi padre y yo compartimos la predicación entre nosotros. De vez en cuando digo una cada tres semanas, uno de nosotros se dirige a los poblados del noroeste, sosteniendo un servicio en cada uno; estos están a unas 8 y 12 millas respectivamente. Mi costumbre en casa, de modo regular, es leer el Nuevo Testamento por la mañana, un sermón típico por la tarde y la exposición del Antiguo Testamento también por la tarde. El lunes por la tarde tengo una clase de Biblia para los jóvenes, que es el trabajo más interesante que tengo que hacer, sobre todo porque es el que me produce mayor satisfacción…

Lobengula, contrariamente a Mzilikazi, pensó que los misioneros no eran un obstáculo para su reinado y permitió el regreso de estos, aunque bajo ciertas condiciones, favoreciendo incluso la instalación de uno de ellos en Bulawayo. El rey matabele inteligentemente había comprendido que la gran mayoría de las denominaciones protestantes veían a los indígenas como los auténticos propietarios de las tierras y que los hombres blancos, especialmente los bóers y los imperialistas británicos, no eran más que unos usurpadores que estaban dispuestos a la confrontación con tal de apoderarse del territorio, como les había ocurrido a los zulúes en 1879. Tenerlos cerca era más una ventaja que un inconveniente, pero para muchos misioneros su acercamiento a las causas de los nativos llegó a generarles no pocos conflictos, como le había ocurrido al vilipendiado obispo anglicano Natal William Colenso. El Imperio británico era el primero que estaba dispuesto a luchar por la erradicación mundial de la esclavitud, pero no estaba dispuesto a que los ministros del Evangelio se metieran en cuestiones políticas, y sus voces fueron calladas en innumerables ocasiones; pero su indiscutible testimonio, como también el del obispo Mackenzie en Bechuanaland, nos habla de unos hombres no solo comprometidos férreamente con sus creencias, sino también con la voz profética de denuncia ante la oficina colonial. En líneas generales, metodistas, presbiterianos, anglicanos, etc. apoyaban la civilización y, si era necesario, se jugaban la vida por la extensión del Reino de los Cielos, pero consideraban inmoral la manera en que África estaba siendo saqueada por la codicia del imperio y el territorio matabele no iba a ser distinto.

CECIL RHODES, EL COLOSO DE ÁFRICA

En 1888 tres agentes de Rhodes llamados Charles Dunell Rudd[34], Frank Thompson[35] y James Rochfort Maguiere[36] pidieron hablar con Lobengula en el principal *kraal* (poblado) de los matabele, Bulawayo[37]

---

[34] Rudd era amigo y colaborador íntimo de Rhodes desde su llegada a África. Pasó por prestigiosas instituciones como Harrow, Trinity Collage y era muy conocido en Inglaterra por ser un atleta de maratón.
[35] En calidad de intérprete.
[36] Un prestigioso abogado que estaba con Rhodes desde que se conocieron en la universidad de Oxford y que posteriormente ocupó puestos relevantes en la compañía de Rhodes.
[37] Su primer nombre había sido Gibexheghu, pero se cambió dos años después a Bulawayo. Este había sido también el nombre de la capital zulú durante el reinado de Shaka y es muy probable que con ello quisiera trasmitir al resto de la nación un claro mensaje: puedo llegar a ser tan sangriento como él.

La auténtica historia de *Las minas del rey Salomón*

Cecil Rhodes, uno de los personajes más interesantes de la Historia. Sumamente ambicioso consiguió lo que muchos ni siquiera soñaron, un país con su propio nombre: Rhodesia, actualmente Zimbabwe.

(muerte), para establecer un tratado en nombre de su patrón. Después del destruido Ulundi en 1879, capital de Zululand, Bulawayo era el poblado nativo más grande del África Austral con casi 1 400 chozas repartidas en una circunferencia de más de un kilómetro de diámetro donde vivía la familia del rey, sus sirvientes, la guardia real y dos regimientos de élite. El poblado también tenía dos casas al estilo europeo, construidas por un blanco llamado Halyott, un buhonero y buscavidas que prefería vivir en su propio carro y que era el intermediario con Lobengula en los puntuales permisos que el rey concedía para la caza de elefantes. El enorme poblado estaba situado al norte de las colinas de Matopo y en el centro de un inmenso valle rodeado por los ríos Kahmi y uMgusa.

Como tantos otros, Rudd conocía la leyenda en la que se decía que no muy lejos de lo que había sido la ciudad de piedra, de los antiguos moradores de aquella tierra, se escondía un fabuloso tesoro oculto. El hombre más ambicioso de todo el continente africano no iba a dejar pasar la oportunidad de, por un lado, explotar el territorio y, por otro, investigar hasta qué punto la leyenda era o no cierta, se llamaba Cecil Rhodes.

Su abuelo fue un hombre muy influyente y un rico terrateniente de Leyton y su padre Francis William era vicario de la iglesia anglicana. Cecil fue el cuarto de los once hijos del matrimonio de Francis William con su madre Louisa Peacok, que se había convertido en la esposa de Rhodes después del fallecimiento de su primera mujer durante un traumático parto. Desde su llegada a África del Sur, con tan solo diecisiete años[38], había amasado en pocos años una fortuna considerable al dedicarse a la fundación de varias compañías mineras y a las concesiones de explotación en la extracción de diamantes[39] con la creación de la empresa, en 1888, De Beers

---

[38] Los historiadores no se ponen de acuerdo en cuanto al verdadero motivo de salud que impulsó a Rhodes a semejante viaje, y las opiniones van desde la necesidad de recuperarse de sus serios problemas de corazón, entonces sin solución en el siglo XIX, hasta una incipiente tuberculosis. En cualquier caso, él encontró acomodo en la granja de su hermano mayor Herbert donde experimentó una cierta mejoría. Por otra parte, Rhodes no tenía el mínimo interés en la vida religiosa, que su padre quería que abrazara, y algunos biógrafos han querido ver en ello que el viaje del joven muchacho pudo ser una manera de escapar a las presiones paternas.

[39] Los primeros yacimientos de diamantes fueron descubiertos en 1867 en un acantilado de lo que hoy es la ciudad de Kimberley, un enclave que nació como consecuencia de los miles de aventureros llegados desde todo el mundo, incluso de lugares tan alejados como Australia y los Estados Unidos, para la búsqueda del preciado mineral. La mina más grande de todas a cielo abierto fue Hole, con una profundidad de 3.520 pies y cuya

Mining Company. Esta desde luego no fue la única, ya que con su hermano Frank fundó la también famosa Goldfields of South Africa.

De Rhodes se ha dicho que era homosexual[40] y que estaba enamorado de un hombre que desde entonces fue objeto para él de grandes alegrías, y también grandes problemas, el joven médico escocés Leander Starr Jameson[41]. De ser homosexual, cosa que Rhodes nunca reconoció, probablemente no porque no lo fuera, sino por que la sociedad puritana de la Inglaterra victoriana del siglo XIX jamás lo habría entendido, no parece que le amara en la misma proporción, pero, al igual que Rhodes, la ambición de Jameson era desmedida. Por otra parte, desde que Jameson pusiera en marcha su consultorio médico en la ciudad de Kimberley, las mujeres estaban *encantadas* con él. Jameson llegó a África en 1878 tras su paso por el hospital de Londres, donde estudió y ejerció el último año de la carrera como cirujano. Era un hombre con un temple y liderazgo tremendo, extrovertido y profundamente idealista, pero el hecho de que nunca se casara ha alimentado este debate acerca de una posible relación sentimental con Rhodes. De lo que no hay duda, y eso es incuestionable, es de que Jameson era del agrado de Rhodes y ambos hombres tenían una complicidad única. Jameson consideraba a Rhodes un personaje extraordinario, a la altura de figuras mundiales de primer nivel y, para bien o para mal, estaba completamente en lo cierto.

En 1873 Rhodes renovó sus estudios, cuando ya era riquísimo a los veinte años, licenciándose en Filosofía y Letras por la universidad de

---

producción se estima en varias toneladas desde que comenzó la primera extracción. Pero uno de los hallazgos más impresionantes, y en parte el principal detonante de todo lo que vino después, fue el que protagonizó un chico adolescente que encontró una piedra transparente en la granja de su padre, que resultó ser un diamante de 21,25 quilates, al que bautizaron con el nombre de Eureka. Hasta entonces la India, junto con Brasil, tenían los yacimientos más productivos del mundo, pero desde aquel momento las cosas cambiaron y hasta hoy Sudáfrica produce el 50% de toda la producción mundial.

[40] Escritores como Henri L. Wesseling, catedrático de historia general en la universidad holandesa de Leiden, afirma sin ambages que es un hecho probado que era homosexual. Nunca amó a ninguna mujer, con la excepción de su madre por la que tuvo una profunda admiración, y curiosamente todos sus ayudantes eran hombres jóvenes, particularmente atractivos, a los que Rhodes llamaba *mis secretarios.* Entre ellos estaba el apuesto Neville Piekering, quien tuvo la enorme desgracia de caerse del caballo y quedarse paralítico en 1886 falleciendo meses después.

[41] Los más allegados le llamaban el doctor Jim y al final se quedó con ese nombre más popular. Los bóers, que después de su fallida incursión le odiaban abiertamente, despreciativamente se referirían a él como: «veterinario Jim».

Oxford, lo que le requirió un esfuerzo personal considerable, ya que la carrera la realizó con innumerables viajes entre Inglaterra y África del Sur. Su inteligencia era muy notoria y tenía una personalidad excepcional, en ocasiones algo histriónica. El 7 de abril de 1881 dio el salto a la política tomando asiento en el Parlamento de la Colonia del Cabo, como delegado de uno de los distritos, pero sus ambiciones eran mucho mayores:

> Tengo mi propio punto de vista acerca del futuro de África del Sur, y creo en los Estados Unidos de África del Sur, como una parte más del Imperio Británico.

Todos sus ademanes parecían estar cuidadosamente estudiados, incluso a la hora de sentarse y cruzar las piernas. Tenía obsesión por el aseo personal y por la lectura de la historia del imperio romano, cuya psicología dominadora le impregnó profundamente. Era dipsomaníaco y el *champagne* le acompañaba incluso a la hora del desayuno.

Rhodes sabía que los matabele odiaban a los blancos, pero especialmente a los bóers, algo en lo que coincidían con él, y como una forma de mantenerlos alejados de sus fronteras le ofreció a Lobengula, a través de sus agentes, un alquiler de 100 libras mensuales por la explotación minera en la frontera norte y, lo que era más importante, un estipendio de miles de municiones para 1 000 fusiles Martini-Henry y una barcaza para navegar por el río Zambeze. Rhodes no solo ambicionaba las tierras que los matabele habían conquistado a los shona, por la riqueza minera de la misma, sino porque quería levantar una nueva colonia de hombres blancos, casi todos de nacionalidad británica, que asentados más al norte de la comunidad de bóers del Transvaal hicieran llegar su influencia hasta allí. Una manera de establecer un equilibrio de poder en la zona y contribuir al gran sueño de Rhodes, un solo y único territorio británico desde el Cabo hasta el río Zambeze, junto a la línea férrea que uniría el Cabo con El Cairo para valorizar toda África[42]. En el fondo no era más que una nueva visión de la ansiada confederación inventada por *lord*

---

[42] Precisamente la misma que durante su construcción, y en uno de sus recorridos al atravesar el territorio de Tsavo, dos leones devoradores de hombres la interrumpieron durante nueve meses, hasta que el ingeniero y coronel John Henry Patterson acabó con ellos en diciembre de 1898, después de que ambos animales devoraran un número indeterminado de entre 140 y 200 personas.

Carnavon, que en su momento había fracasado por completo, y que incluso había desembocado en la Guerra Zulú de 1879 y la Primera Guerra de Independencia Bóer, también llamada Rebelión del Transvaal, donde en 1881, en la colina Majuba, los chaquetas rojas habían sufrido pesadamente y habían sido finalmente derrotados.

LOS NATIVOS SON ENGAÑADOS

Tras hacer esperar a los agentes más tiempo de lo que el protocolo exigía, Lobengula empujado por la curiosidad, después de que los tres negociadores británicos le dijeran que tenían para él lo que nadie les había podido ofrecer hasta el momento, además de una carta personal escrita por el Alto Comisionado para África del Sur, les recibió en un *kraal* menor donde el tratado para la explotación minera se firmó, después de tres meses de negociaciones, el 30 de octubre de 1888, ratificado por la reina el día 20 de octubre del año siguiente y confirmado por el gobierno británico cinco días más tarde. Los enviados de Rhodes estaban tan ansiosos de comunicar la noticia de la firma de Lobengula que, el mismo día que el documento fue aceptado, Rudd, escogiendo las mejores mulas, partió enseguida con el documento. Pasados diez días Rudd se perdió en la sabana africana y se quedó sin agua por espacio de varias jornadas. Mientras su criado se marchó en busca de agua llevándose las mulas, Rudd se quedó a la sombra de un árbol esperando su regreso. Después de casi tres días sin poder beber y, viendo que su final estaba cercano, escondió el documento y se dispuso a morir hasta que *in extremis* unos bosquimanos le salvaron la vida. Recuperando posteriormente parte de sus mulas, llegó primero a Mafeking, después a Kimberley y finalmente su tremenda odisea terminó cuando, totalmente extenuado, pudo entregar personalmente el documento a Rhodes, quien, lleno de satisfacción, dijo al conocer los pormenores del viaje:

> La dedicación, devoción y sentido de la responsabilidad de hombres como Charles han permitido que Inglaterra sea hoy el país más poderoso de la tierra; estoy abrumado por tener a mi lado hombres como él. Nuestra concesión es gigantesca, es como darle a un solo hombre la totalidad de Australia.

Campamento en Fuerte Salisbury. Se puede apreciar el mástil donde fue izada la bandera de la Union Jack y el carro con el reflector naval alquilado a la Armada.

El famoso documento contenía 35 puntos que Lobengula y sus consejeros habían infructuosamente debatido para que los derechos mineros pudieran ser compartidos por otros blancos, buscando con ello un mayor beneficio, pero Rudd contestó que dos toros no pueden estar en la misma manada y solo fueron para la empresa de Rhodes. El consejo del reino matabele había estado dividido para decidir si aceptaban o rechazaban la propuesta. El *induna* responsable del ejército era claramente favorable, ya que los Martini-Henry eran una oferta muy tentadora, pero el primer ministro argumentó que un tratado que dejaba la explotación de la tierra en manos de extraños era como entregar la misma tierra y que, tarde o temprano, los hombres blancos se apoderarían de todo el país, se quedarían con sus mujeres, el ganado, y sus hijos serían meros sirvientes, si es que incluso no terminaban siendo como los esclavos que había en Mozambique. Una de las reuniones resultó trágica para uno de los consejeros que sistemáticamente insistían en que no se autorizara a los enviados blancos a seguir imponiendo su voluntad, pidiendo que fueran expulsados de inmediato del país ya que de no hacerlo, tarde o temprano, tomarían posesión del mismo. Lobengula se llenó de ira y llamó a varios hombres de su guardia para que le sacaran de la choza y le ejecutaran. Se llamaba Lotsche, había sido uno de los principales consejeros de su padre y, como veremos más adelante, Lobengula reconoció, cuando ya era tarde, su tremendo error.

Una de las personas claves para que Lobengula firmara el documento fue John Smith, el hijo de Robert Moffat, a quien los matabele conocían desde su nacimiento, producido en 1835 en Kuruman. Había crecido a caballo entre dos mundos, el de las misiones en medio de los nativos, pero también el de las ciudades fronterizas del hombre blanco, y esto último terminó pesando más en su vida, aunque llegó a ejercer el ministerio en lo que hoy es el sur de Botswana. Estuvo presente durante las reuniones con los matabele y participó activamente en la posterior consolidación colonial. Lobengula nunca supo que John Smith Moffat jugó sus cartas a favor de los británicos, para los que trabajaba en secreto como espía. A pesar de que no podía probarlo, el rey percibía que algo no estaba marchando según lo esperado y estaba profundamente inquieto. Lobengula se dirigió a Moffat y dijo unas palabras que han quedado para la posteridad como símbolo de la codicia y colonización de África por parte de Inglaterra:

> ¿Alguna vez en la vida ha visto usted cómo un camaleón coge una mosca? El camaleón se pone detrás de la mosca y permanece inmóvil durante algún tiempo, entonces, él avanza, muy despacio y suavemente, poniendo primero delante una pierna y entonces la otra. Por fin, cuando está dentro del alcance, él lanza fuera su lengua y la mosca desaparece. Inglaterra es el camaleón y yo soy esa mosca.

Lobengula no estaba equivocado, ya que Rhodes cumplió parcialmente su palabra en cuanto a las armas y el dinero (de las primeras solo envió 500, solo se pagaron cuatro mensualidades y de la barcaza nunca más se supo), y tal y como era notoriamente previsible, junto a los mineros, llegó un buen número de colonos británicos y tropas mercenarias, que no estaban en el acuerdo verbal en el que se había establecido que tan solo 10 mineros estarían en la frontera con Mashonaland y, entonces, cuando ya no era posible una vuelta atrás, Lobengula protestó.

Leander Starr Jameson, la mano derecha de Rhodes. Jameson participó activamente en la Primera Guerra Matabele y más tarde su fallido *ride* estuvo entre los orígenes de la Segunda Guerra Anglo-Bóer.

En febrero de 1889 dos oficiales británicos, del regimiento de la guardia real a caballo, el capitán y cirujano médico Ferguson y el mayor Mellidew, junto a sus ayudantes, se presentaron en Bulawayo vistiendo para la ocasión el uniforme de gala[43]. Ellos estaban allí para conocer de boca del propio rey cuáles eran sus miedos, ya que la Carta Real dada a la empresa de Rhodes debía en principio ser una garantía para él, y su presencia fue muy bien recibida, además de crear una enorme expectación en el poblado real. Tras entregar al rey matabele varios regalos, entre ellos un magnífico revólver dentro de una caja de caoba forrada de terciopelo rojo, una espada, un reloj y unos prismáticos, los cuales Lobengula contempló con curiosidad casi infantil, unos y otros expresaron las inquietudes que tenían. Lobengula debía respetar el tratado firmado con la empresa de Rhodes y desde luego no atacar a los mineros blancos, quienes habían hecho llegar un aluvión de peticiones pidiendo protección, y a cambio ellos intentarían que no vieran más blancos.

Durante varios días los cuatro hombres blancos fueron agasajados con la mayor hospitalidad y ellos mismos reconocieron que nunca hasta entonces habían bebido tanta cerveza y comido tanta carne de ternera. El día que Mellidew y Ferguson se marchaban entregaron a Lobengula un último regalo que habían traído con ellos, un precioso purasangre inglés de color ruano que alegró enormemente el corazón del monarca, y antes de irse, como británicos que eran, no pudieron resistirse a enseñarle cómo se jugaba un partido de criket. Tras improvisar un pequeño campo, en el círculo central de Bulawayo, hicieron todo lo posible por mostrarle en qué consistía, para delirio de todos los presentes. Finalmente, Lobengula quiso ser generoso también con ellos y pidió que uno de sus regimientos realizara en honor de sus invitados una danza de guerra. Cien hombres formaron en una larga línea con seis de

---

[43] Se pensó que vestir el traje de gala de caballería generaría entre los matabele una profunda impresión, como así fue. El entusiasmo generado entre los nativos provocó situaciones cómicas, ya que los cuatro hombres llevaban puestos los brillantes y relucientes petos de los coraceros, y más de uno de los presentes se ponía delante de ellos para verse reflejado, retirándose después en medio de grandes risas. Lobengula fue el más curioso de todos y les preguntó si esta manera de protegerse el pecho era habitual entre los soldados ingleses, argumentando después que sus guerreros no necesitaban «pechos de hierro» porque no tenían miedo a la muerte.

fondo con pieles de leopardo, colas de mono y chacales mientras rítmicamente comenzaron a golpear el suelo con sus pies; produciendo los cascabeles atados a sus tobillos un agudo sonido que fue creciendo en intensidad conforme los guerreros más fuerte dejaban caer las plantas de sus pies. Tras varios y sincronizados movimientos los 600 hombres y de forma regular, línea a línea, repetían los pasos hasta que un cantante líder comenzó a entonar un cántico que tras unos breves segundos de silencio era repetido por todos los demás, mientras al unísono levantaban su mano derecha adornada con colas de vaca sujetando su pequeño escudo de danza. Tras una hora completa de agotador baile todos los hombres, algunos con más de un metro ochenta de altura y mostrando un aspecto físico espléndido, pararon de golpe tras el chasquido producido por un látigo confeccionado con piel de hipopótamo. Decenas de jóvenes muchachas con sus pechos al aire y apenas tapando sus partes más íntimas se introdujeron entre las filas portando calabazas llenas de cerveza que los hombres bebían con avidez. Tras reponerse del agotador esfuerzo, el cantante líder lanzó un agudo y lastimero tono y nuevamente, con perfecta sincronización, todos los guerreros comenzaron de nuevo a danzar sin dar nunca la espalda al rey durante dos horas más. La gran fiesta acabó con la muerte de varios centenares de bueyes de la manada real siendo su carne asada en grandes fuegos.

Pero, a pesar del excelente ambiente vivido en el poblado real, lo cierto es que el miedo latente a una confrontación seguía existiendo y para apaciguar a Lobengula Jameson se acercó a Bulawayo, y allí se encontró que el rey estaba teniendo un doloroso ataque de gota. Jameson, que no iba a ninguna parte sin su maletín médico, le inyectó una buena dosis de morfina y el dolor desapareció por un tiempo. Esta *magia* fascinó a Lobengula quien, a pesar de los trágicos sucesos que ocurrieron posteriormente, mantuvo hacia Jameson una actitud de agradecimiento, reconocimiento y profundo respeto, incluso le concedió el honor simbólico de pertenecer a uno de sus regimientos regalándole un escudo blanco de piel de buey y una azagaya.

Jameson salió de Bulawayo después de tranquilizar a Lobengula, lo que le costó tres meses completos, de que la ocupación de Mashonaland era pacífica y con ello evitar que el rey repudiara el tratado, pero poco después comenzaron a surgir pequeñas poblaciones

La auténtica historia de *Las minas del rey Salomón*

La fuerza del Cuerpo de Pioneros invade Mashonaland.

en torno a las explotaciones mineras en Mashonaland, y los florecientes negocios que llegaron con ellos, y se hacía imperioso tomar nuevas iniciativas.

Para asegurar sus intereses una fuerza armada dirigida por un oficial británico debía ponerse cuanto antes en marcha. La columna, compuesta de 180 blancos y 200 negros, cruzó el río Tuli el 1 de julio de 1890 bajo el mando de *sir* John Willoughby, con la ayuda de los capitanes Forbes y Heyman. Allí construyeron un gran fuerte y diez días después se pusieron nuevamente en marcha. Adicionalmente, la columna contaba con un carro que llevaba un reflector naval, alquilado a la Armada por 500 libras por Frank Johnson, que se activaba por una gran dinamo de vapor para alumbrar en la oscuridad, por si se producían ataques nocturnos. Pronto se dieron cuenta de que el reflector tenía también un componente psicológico enorme entre los nativos, y cada noche lo encendían un rato mientras su haz de luz era movido de un lado a otro apuntando hacia las nubes del cielo[44]. Pocos días después llegó un mensajero de Lobengula que decía:

> ¿Quién es usted y a dónde va? ¿Qué quiere usted, y bajo órdenes de quién está aquí? Regrese enseguida, o no seré responsable de las consecuencias. ¿Acaso usted no sabe que la sangre blanca se vierte como la de los negros?

Después de que Johan Colenbrander realizara la correspondiente traducción, un coronel, Edward Pennefather, respondió enérgica y desafiantemente:

> Yo soy un oficial de la reina de Inglaterra, y mis órdenes son ir a Mashonaland, y allí voy yo. Nosotros no queremos luchar, nosotros solo queremos excavar buscando oro, y estamos tomando este camino para evitar a sus hombres jóvenes; pero si ellos nos atacan, nosotros sabremos defendernos.

Al principio la fuerza avanzó bastante relajada, pero, cuando se hizo evidente la alta posibilidad de un ataque del ejército matabele, los hombres vivieron en mayor tensión y ya no se dispersaron, manteniendo los carros un estricto orden y marchando en vanguardia tres contingentes de caballería separados por unas 300 yardas de distancia, para poder dar aviso de la llegada del enemigo con mayor efectividad y evitar que se acercaran sin ser vistos.

El 6 de agosto llegó una nueva advertencia para que no siguieran avanzando. El mensaje era algo confuso pero venía a decir algo así como que el deseo de atacarles era tan grande en el ejército matabele que ni siquiera Lobengula había conseguido detenerlos, y ahora tantos como 9 000 guerreros marchaban al trote para enfrentarse a ellos. Por si el mensaje era auténtico, y en el fondo lo que Lobengula estaba haciendo era advertirles, partidas de caballería salieron en todas las direcciones para investigar. Finalmente una de ellas los encontró acampados en el río Tokwe, justo en la dirección en la que avanzaba la columna. Otro jinete llegó diciendo que ellos también habían descubierto hacia el norte a otro gran contingente del enemigo en lo que parecía ser un movimiento envolvente. Por motivos que aún se desconocen el gran *impi* no atacó, aunque en una ocasión siguió desde la distancia la marcha de las tropas blancas.

---

[44] Los nativos le llamaron «el gran ojo blanco que apuñala el cielo a través de la oscuridad».

El teniente Tyndale, del Cuerpo de Pioneros, iza la bandera en Salisbury.
Por primera vez para el nuevo territorio conquistado se emplea
la palabra Rhodesia.

Tras alcanzar lo que hoy es la ciudad de Harare, construyeron Fuerte Salisbury, en honor del primer ministro del Reino Unido, Robert Gascoyne, marqués de Salisbury, un lugar a donde colonos y mineros pudieran acudir en caso de dificultades, y se izó la bandera de la Union Jack por el teniente Tyndale, en un improvisado mástil el 13 de septiembre de 1890, en nombre de la reina Victoria, dando tres vivas por ella, disparando 21 cañonazos y con una oración del reverendo Balfour, tomaron posesión de aquella tierra y la llamaron en honor de su promotor: Rhodesia, al asombroso precio de una expedición que le había costado la cifra de 89.285 libras[45] y tan solo la pérdida de un centenar de caballos.

Las tropas que izaron la bandera en Salisbury eran del famoso Cuerpo de Pioneros, la mayoría de ellos reclutados en la ciudad del

---

[45] Si se compara con Bechuanaland, que le había costado a la empresa de Rhodes 1 500 000 millones de libras, se entiende lo ridículo de esta cantidad para un territorio mucho más extenso y productivo.

Cabo de Buena Esperanza[46] y en Kimberley, acompañados de 150 hombres de la Compañía de Policía Británica de Sudáfrica[47]. La inmensa mayoría de estos hombres expedicionarios vestían chaquetas marrones con cordoneras horizontales de cuero, pantalones claros de pana y el sombrero de la policía montada, cuyos laterales podían plegarse. Iban armados con carabinas y revólveres. El cuerpo fue dividido en tres compañías llamadas A, B y C. Las dos primeras eran tropas montadas y la última tenía la responsabilidad de la artillería y las ametralladoras.

Algunos de este grupo de mercenarios, que participaron después en la Segunda Guerra Matabele, fueron descritos como *los más salvajes y terribles entre los hombres blancos*. Su deplorable actuación durante la guerra desgraciadamente demostró que las palabras eran ciertas, matando en ocasiones a mujeres y niños nativos como si fueran perros rabiosos. También es cierto que no todos ellos tuvieron un comportamiento deplorable, más bien todo lo contrario, como fue el caso del padre jesuita Salvatore Bianco que acompañaba a la columna como guía espiritual junto al reverendo Joseph Cockin.

---

[46] El contingente que partió del Cabo lo hizo a caballo el 15 de abril de 1890. Para muchos de los presentes, especialmente entre los ciudadanos de origen británico, este pequeño acto fue enormemente emotivo y lleno de simbolismo. La prensa del día siguiente recordó las caravanas de los *trekkers* que entre 1836 y 1842 habían abandonado la colonia adentrándose en el inhóspito y salvaje interior de África, sobre todo para *huir* de todo aquello que fuera inglés. Pero desde entonces las cosas habían cambiado, casi toda el África Austral era británica y uno de los últimos territorios que faltaba por conquistar, quienes ahora salían con esa misión eran la mayoría hombres jóvenes, hijos de la colonia, hombres blancos nacidos en África de padres blancos, de procedencia mayoritariamente anglosajona. Los aplausos y deseos de éxito fueron una constante de la muchedumbre congregada hasta que la silueta del último de ellos dejó de verse.

[47] Este grupo dirigido por el joven teniente William Bodle fue el origen de la posterior Policía Británica Sudafricana, creada oficialmente el 8 de octubre de 1896, que incluía elementos de la Policía Montada de Mashonaland y de la Policía de Fronteras de Bechuanaland.

SELOUS, EL VERDADERO QUATERMAINE DE *LAS MINAS DEL REY SALOMÓN*

Entre los que habían respondido para la conquista de Mashonaland se encontraba el aventurero y cazador Frederick Courtney Selous, el cual, gracias a la fama literaria que le había dado Haggard con el personaje de Quatermain, le permitió subir el precio por sus servicios a 2 000 libras y 21 000 acres de terreno. En la vida real Selous no era el galán que las novelas presentaban, más tarde incluso el cine, ya que él estaba casado, pero en cuanto al valor, la amistad, la generosidad, la pasión por la caza y los animales, en este caso Quatermaine era un digno representante de la vida de Selous.

La primera vez que Selous pisó suelo africano fue el 4 de septiembre de 1871 cuando tenía tan solo diecinueve años y 400 libras en sus bolsillos. Desde niño su mayor sueño había sido visitar África y si era posible emular la vida de su gran héroe Livingstone. Su padre, presidente de la bolsa de Londres, intentó inútilmente convencerle para que fuera a la universidad y estudiara la carrera de Derecho, pero la increíble respuesta del muchacho fue que él había nacido para hacer grande al imperio, concretamente en el continente negro, con un fusil en sus manos. Creyendo entonces que su vocación oculta era militar, intentaron convencerle de que fuera a cualquiera de las prestigiosas academias de oficiales de Inglaterra, pero Selous contestó que su mente y su corazón hacía mucho tiempo que habían viajado antes que sus propios pies a África, y que ansiaba desesperadamente pisarla cuanto antes. Creyendo que la dureza del continente y su joven edad serían un *handicap* en su contra, por lo que regresaría muy pronto, su familia solo le pagó el pasaje y le entregó el dinero suficiente para un mes. Pasarían casi veinte años para que su familia le viera la próxima vez.

Selous ya conocía a los matabele antes de su incorporación a la columna de pioneros, y a su rey Lobengula, con el que tenía cierta amistad después de alcanzar con él un acuerdo para que le permitiera cazar elefantes (llegó a matar a un macho cuyos colmillos pesaban más de 120 libras cada uno). Cinco años después se asentó por un tiempo en Grahamstown, pero en 1879 volvió a usar nuevamente su potente rifle de dos cañones. Volvió a Inglaterra contando sus experiencias como cazador y explorador, pero la llamada de la selva era algo tan fuerte que tuvo que regresar a África. Siguió trabajando como explorador al norte del Transvaal, el sur del Congo y el norte de Mashonaland, enviando los especímenes que los museos de historia natural, de Inglaterra y Estados Unidos, le reclamaban. En 1890 se unió a los hombres de Jameson, con el gran sueldo antes citado, ya que conocía a la perfección el país y era necesario un experimentado guía, puesto que hasta ese momento no existían caminos. Por otra parte, había que intentar no provocar a Portugal, pero a la vez adelantarse lo antes posible a los planes que ya se fraguaban desde Mozambique para tomar el control de aquellas tierras, por lo que el trabajo de Selous fue decisivo, no solo como guía, sino también como jefe del servicio de inteligencia, para evitar a las tropas portuguesas y a los *impis* matabele durante el recorrido de más de 800 millas.

EL DORADO AFRICANO, UNA LEYENDA MÁS QUE UNA REALIDAD

Salisbury terminó siendo mucho más que un fuerte y se convirtió en la avanzadilla de todo lo que estaba por llegar. La fiebre del oro que también sacudió Alaska, California y tantos otros rincones del globo ahora se trasladó hasta el territorio norte de los matabele, y las noticias sobre el continuo descubrimiento de nuevos yacimientos auríferos provocó una avalancha de nuevos buscadores a los que se les expedían pequeñas concesiones a precios astronómicos[48].

El miedo a un ataque matabele se había diluido pero por otra parte la crisis entre Portugal e Inglaterra se agudizó. Portugal tenía desde 1875 bastante claras sus fronteras norte y sur, pero el territorio limítrofe con Mashonaland al norte y Matabeleland al sur era una permanente fuente de conflictos, los cuales se agudizaron cuando Rhodes intentó

---

[48] Como también ocurrió en Kimberley, las noticias de los prospectores corrieron a una velocidad increíble y se produjeron casos curiosos de marineros que desertaron de sus buques, soldados que misteriosamente desaparecieron de sus regimientos, obreros que no se presentaron a sus puestos de trabajo y comerciantes que cerraron sus negocios de la noche a la mañana.

La auténtica historia de *Las minas del rey Salomón*

Oficiales del Cuerpo de Pioneros.

todo lo posible por conseguir un acceso al mar, que a punto estuvo de desencadenar una guerra. Dos coroneles portugueses, Gouveia y Andrade, intentaron presionar a uno de los jefes situados en la frontera del este para que no accediera a un tratado con los británicos, pero aquí ya se había llegado a un principio de acuerdo y una bandera británica había sido izada. Los portugueses arrancaron la bandera de la Union Jack y, tirándola al suelo, la pisaron.

Tras ser puestos al corriente de lo sucedido, el mayor Forbes y varios de sus hombres recibieron órdenes para que cabalgaran hasta la frontera con Mozambique y vengaran este grave insulto. Para sorpresa de los británicos, que esperaban una mayor resistencia, arrestaron a los dos oficiales portugueses con gran facilidad y se los llevaron presos hasta Salisbury.

Portugal protestó enérgicamente por lo ocurrido y en Lisboa miles de personas salieron a la calle pidiendo la guerra contra los británicos. Afortunadamente el gobierno portugués no cedió a las presiones de la prensa y la calle y firmó un tratado el 11 de junio de 1891, por el que

Portugal tuvo que plegarse a varias de las condiciones del Parlamento británico, ya que sabía que no podía ganar en un conflicto armado contra la poderosa Inglaterra. Portugal tuvo al menos el mérito de impedir el codiciado camino al mar que tanto ambicionaba Rhodes, pero a cambio le dejaron con las manos libres para que en una parte del trayecto del ferrocarril pasara por Mozambique.

El Dorado no resultó tan idílico como muchos pioneros habían imaginado. Habían recorrido más de 800 millas en territorio inhóspito, los animales domésticos enfermaban con rapidez[49], los animales salvajes eran un constante peligro, la malaria provocaba estragos, la comida escasa, la mosca *tsé-tsé* diezmaba los ganados, el calor era insoportable y, además, existía la amenaza latente de un ataque de los nativos que solo los hombres emocionalmente más fuertes estaban dispuestos a aguantar. Ciertamente les habían entregado la cantidad de tierra acordada por su participación, pero, para sorpresa de muchos, el contrato final llevaba varias cláusulas. Se debía pagar una renta anual en concepto de alquiler a la empresa de Rhodes quien además, en caso de que en su concesión se encontrara oro o cualquier clase de mineral o piedras preciosas, obtendría una participación. Rhodes se reservaba el derecho, sin ninguna clase de compensación económica ni autorización, para construir en la hacienda caminos, vías férreas, líneas telegráficas, etc. Uno de los pioneros dejó escrito:

> He llegado hasta aquí cruzando media África, con mucha privación y penalidad, para ahora estar todos los días pensando en una más que probable muerte por enfermedad. Mi ropa está completamente desgastada, la comida escasa, no existen las medicinas, la fiebre palúdica siempre en el horizonte... ¡Que Dios todopoderoso nos ayude!

---

[49] Como ya había ocurrido durante la marcha de la columna, muchos de los caballos morían en extrañas circunstancias y los veterinarios no sabían el porqué, simplemente se referían a este asunto llamándole «la enfermedad del caballo». Hoy se piensa que pudo ser una combinación de circunstancias, ya que después se produjo en menor cantidad, como la poca adaptación al tipo de hierba, la estación de las lluvias que, en ocasiones, anegaba enormes extensiones favoreciendo la aparición de mosquitos.

Capítulo IV
Sangre en la lanza

> Algunos llevaban sobre los hombros pieles de leopardo, y en la cabeza unas altas coronas de plumas, negras y erguidas, que ondulaban al viento. Al frente del grupo, un muchacho de unos veinte años conservaba todavía el brazo en alto y el cuerpo inclinado, en la actitud graciosa de las estatuas de efebos griegos, lanzadores de dardos, que fueron tan comunes en la antigüedad. Era evidente que ese algo brillante que yo vi pasar como un relámpago era una azagaya u otra arma arrojadiza lanzada por aquel muchacho.
>
> *Las minas del rey Salomón.*

Los matabele, comenzando por su propio rey, estaban desconcertados. Dos *indunas*, llamados Mtshete y Babayane, recibieron órdenes de viajar y buscar a la gran reina blanca y preguntarle por qué aquellos que se identificaban como súbditos suyos les estaban robando la tierra. Alemania, a la que no le interesaba que Inglaterra aumentara su influencia en la zona, ya que ellos eran los dueños de la zona Este de África del Sur (Namibia), desde la desembocadura en el océano Atlántico del río Orange al sur y al norte los ríos Kunene y Okavango, se ofrecieron a Lobengula para instruir y guiar hasta Londres a sus emisarios. El siguiente viaje que estos hombres iniciaron es toda una aventura. Atravesaron el Transvaal intentando evitar todo contacto para no levantar sospechas hasta llegar a la ciudad de Kimberley, donde se entrevistaron con el mismo Rhodes quien receló en todo momento de ellos. A pesar de todo les dejó continuar su viaje hasta Ciudad del Cabo donde se encontraron con el gobernador Hércules Robinson, quien previamente había sido telegrafiado por Rhodes. Durante varios días los hombres fueron interrogados a fondo y finalmente, al comprobar que una parte de su mensaje no lo darían, tal y como les había dicho su rey hasta llegar al corazón del imperio británico, se decidió que ambos embarcaran con destino a Londres. A Babayane y Mtshete les había costado siete meses, pero por fin llegaron a su destino a finales de 1890.

Como había ocurrido con el rey zulú Cetshwayo KaMpande, durante su visita a Londres en 1883 reclamando que se le hiciera justicia y que fuera restaurado a su trono, los dos *indunas* matabele experimentaron un entusiasta recibimiento, especialmente por la prensa de la época, que encontraba su viaje exótico y valiente. Durante los siguientes días los emisarios matabele recibieron la hospitalidad no solo de la reina, con la que se entrevistaron en el palacio de Windsor, sino de una parte de la elitista y esnob sociedad londinense que les invitó en una ocasión a asistir a una función de *ballet* clásico (sería interesante saber lo que estos hombres opinaron sobre la misma) y al zoo de Londres, donde uno de ellos acometió con un paraguas a un león a través de la jaula para regocijo de todos los presentes.

Mtshete y Babayane pidieron a la reina lo que con anterioridad Lobengula también le había reclamado a Rhodes, a través de una carta fechada en 1889: que mineros, colonos y soldados mercenarios abandonaran su tierra. Sin ninguna clase de miramientos ambos *indunas*, tras el protocolario saludo a la reina en nombre de su majestad y amigo Lobengula, narraron cómo un hombre llamado Rudd, junto a otros dos británicos, había pedido permiso para «cavar» en la tierra y extraer oro, a cambio de armas y municiones. Argumentaron que cuando le presentaron el documento el rey preguntó qué era aquello, y ellos respondieron que se trataban de las palabras pronunciadas que se dejaban reflejadas por escrito. Más tarde él supo que su marca equivalía a dar, no solo los derechos de extracción, sino también el país entero. Había pedido una copia de aquellos papeles, pero no querían dársela, solicitó entonces que le devolvieran el original, ya que se sentían engañados, pero tampoco, evidentemente, se lo dieron.

Ni que decir tiene que este viaje tenía enormemente preocupado al mismo Rhodes, que en su momento había respondido a través de Maguirre con ocho matizaciones, las cuales, desde luego, eran verdades a medias. Rhodes sabía que no había jugado limpio y sus problemas aumentaron cuando la reina Victoria, tras ser puesta al corriente, comprendió la

A finales de 1892 los matabele lanzaron una campaña de exterminio contra sus enemigos shonas. A pesar de que su rey había sido muy preciso en que no atacaran a los blancos, algunos exaltados mataron a varios mineros, y fue la excusa perfecta que Rhodes estaba buscando para comenzar una guerra que le permitiera quedarse con todo el país.

indignación y la preocupación de los emisarios de Lobengula, y sobre todo del mismo rey. La respuesta para ellos fue que la soberana comprendía que dar un toro no significaba regalar una manada, y los dos *indunas* salieron de Londres con una carta de la soberana para «su amigo» el rey de los matabele y un cuadro de ella como regalo especial. Rhodes iba a ser convenientemente amonestado y toda la explotación minera situada en la frontera con los matabele debía cesar de inmediato. Rhodes, en ese momento, lo tenía todo en contra, pero el destino iba a jugar a su favor.

Mtshete y Babayane al regresar a Matabeleland contaron al rey todos los pormenores del viaje y pusieron en su conocimiento que habían averiguado que la marca puesta en el papel equivalía a aceptar que los blancos, desde ese momento, tenían en exclusividad todos los derechos sobre los minerales, metales y, lo que era mucho peor, plenos poderes para ejercer el dominio necesario para obtener y garantizar los mismos. La respuesta del rey fue inmediata y llamó al comandante en jefe de su ejército al que acusó de ceguera por «un puñado de armas» al haber entregado el país a los blancos. Horas después, él y 300 matabele más fueron llevados a Thabas Indunas (la colina de los jefes), donde fueron ejecutados. Primero les golpearon el cráneo con la maza de madera *knobkerrie*, después los degollaron y finalmente despeñaron los cadáveres desde lo alto de la montaña.

La diplomacia de los matabele continuó en activo y Lobengula firmó un nuevo acuerdo con los bóers, y supuestamente también con Alemania, en la persona de Eduard Lippert, quizá pensando que de esa manera los blancos de origen holandés y los británicos se enfrentarían entre ellos, pero la jugada fue descubierta y se volvió en contra de Lobengula. Tiempo atrás, Mzilikazi había firmado un acuerdo con Paul Kruguer para permitir la caza en su territorio, un tratado que su sucesor derogó al subir al trono, y los bóers, que intuían las intenciones ocultas, no entraron en el juego como Lobengula habría deseado, es más, el acuerdo con Lippert provocó el efecto contrario que buscaba Lobengula al vender Lippert el contrato firmado a la empresa de Rhodes. Desde ese momento la Compañía Británica de África del Sur consideró que la tierra matabele era legal y jurídicamente suya y, con la capacidad, en nombre de la Corona, de arrendarla, una vez eliminada la amenaza militar de los nativos.

LA REACCIÓN MATABELE

En la estación seca del año 1892 los shona y los matabele volvieron a entrar en conflicto y terminaron perjudicando no solo a los intereses de las compañías mineras, también varios hombres blancos fueron asaltados por guerreros matabele, pero la peor parte fue para los shonas ya que en una de las incursiones, concretamente el 15 de julio de ese año, más de 300 de ellos fueron cruelmente asesinados. Lobengula podía mostrarse reacio a una guerra contra los blancos, pero no estaba dispuesto a que Mashonaland y sus nativos consideraran que sus nuevos amos y señores eran los blancos, por lo que permitió una acción ejemplarizante contra el jefe shona Lomangui, pero las cosas terminaron fuera de control. La acción contra Lomangui provocó que otro jefe shona (de nombre Mzimbagopa) se negara a pagar sus tributos a Lobengula, y en un golpe audaz, casi de comando, protagonizado por una treintena de guerreros matabele de élite, fue capturado en su propio poblado y llevado a Bulawayo donde lo desollaron en vida.

Desde los sucesos de 1842, ambos pueblos eran irreconciliables y los shonas sin la efectividad militar de la táctica de los cuernos del búfalo casi siempre resultaron perdedores en sus enfrentamientos. Un misionero que estaba en un poblado de Mashonaland, a finales de la década de 1870 y al que los matabele perdonaron la vida, contó cómo eran estas guerras tribales. Después de uno de aquellos continuos enfrentamientos, los heridos (hombres y mujeres) fueron atados a estacas para que el sol de la mañana, o el frío de la noche, acabara con ellos, mientras las moscas les importunaban y las hienas se acercaban al olor de la sangre. Para aumentar la agonía de algunos de ellos colocaron bajo sus pies brasas ardiendo. En 1888 un misionero envió una carta a la ciudad de Bloemfontein alarmado de los que sus ojos habían visto. En ella contaba cómo el recorrido de un *impi* matabele dejaba un rastro de destrucción que permitía, por desgracia, que fuera muy fácil seguirle. La carta añadía:

> El jefe y todos los hombres habían sido matados, así como las mujeres más viejas que no podían caminar; los muchachos, las mujeres más jóvenes, y el ganado, han sido enviados de vuelta a Matabeleland. Después de atravesar la frontera de Mashonaland, por más de una semana, no he visto ningún hombre, mujer o niño shona; la población ha sido asesinada o han

> huido. No menos de 13 impis matabele han sido enviados este año hacia delante para sus incursiones, y la desolación entre los shonas y los pueblos Banyai, al sur del Zambeze, y entre las tribus situadas a alguna distancia al norte tienen que estar, yo estoy seguro, espantados... De los niños y muchachas que han sido enviados como esclavos, aquellos que sobrevivan son después bien tratados. Lobengula permite a los muchachos esclavos que solamente coman carne; el resultado es que todos los muchachos más débiles se mueren pronto por disentería, mientras que los que sobreviven se encuentran muy bien, y por consiguiente pueden ser incorporados en uno de los regimientos... Yo he visto a grandes números de estos muchachos esclavos aquí.

Los shonas, en un gesto desesperado por intentar parar el derramamiento de sangre, llamaron la atención cortando un cable del telégrafo y los hombres de Fuerte Victoria reaccionaron, pero creyendo equivocadamente que habían sido los matabele capturaron en compensación un rebaño de ganado de color blanco perteneciente al rey Lobengula. Los guerreros matabele cruzaron a territorio shona para recuperarlo y fue cuando se produjo un nuevo enfrentamiento en enero de 1893, en las inmediaciones de Fuerte Victoria, pero en este caso fueron los primeros disparos contra el hombre blanco. Jameson protestó enérgicamente y la respuesta de Lobengula fue que tenía un gran pesar por las muertes fortuitas de los blancos, pero no acerca de los shonas; estos eran súbditos suyos y no consideraba que tuviera que dar explicaciones por sus actuaciones contra ellos.

Dos semanas más tarde, otro *impi* matabele atacó un importante poblado shona matando a su jefe y cometiendo otra vez espantosos crímenes con las mujeres y niños. Una partida de hombres blancos a caballo, con el mismo Jameson en cabeza, acompañado de uno de sus hombres más agresivos y valientes, el capitán Charles Lendy, se desplazó hasta el lugar y advirtió al *induna* matabele que los comandaba que si no se marchaban en una hora ellos se verían con el derecho de disparar. La mayoría de los victoriosos guerreros se retiraron, no tanto porque tuvieran miedo a los hombres blancos, como a su deseo de no desobedecer las órdenes de Lobengula (quien había advertido severamente que no entraran en combate con ellos), pero pequeños grupos de jóvenes e impulsivos guerreros ignoraron a su *induna* y desafiaron a los blancos. La respuesta de Jameson fue inmediata y a una orden suya sus hombres desenfundaron rifles y carabinas y varios guerreros fueron asesinados.

Jameson recuperó la señal telegráfica y envió un mensaje a Rhodes, a Ciudad del Cabo, contando el ataque sobre Salisbury y detalles escabrosos de lo ocurrido a los shonas. Convenientemente aireado por la prensa, el horror que provocó en la opinión pública los ataques matabele era la excusa que Rhodes había estado esperando tanto tiempo para quedarse definitivamente, no solo con el territorio de los shonas, sino también con todo Matabeleland (mucho más rico en pastos y minas) e incorporarlo a la Corona británica como en 1887 se había hecho con Zululandia. Jameson, no obstante, quería tener plena certeza de cuáles debían ser sus movimientos y volvió a telegrafiar a Rhodes. La respuesta de Rhodes fue un corto y enigmático telegrama:

> Lucas 14:31.

Sorprendido, Jameson buscó en su Biblia y, entonces leyó:

> ¿O qué rey, al marchar a la guerra contra otro rey, no se sienta primero y considera si puede hacer frente con diez mil al que viene contra él con veinte mil?

Jameson, todavía algo perplejo, pensó que tenía varias opciones. Quizá Rhodes había querido decirle que su fuerza militar no era suficiente para enfrentarse al ejército matabele, que claramente le sobrepasaba en quince a uno. Por otra parte, Rhodes podría haber respondido de esta manera porque no quería admitir que una confrontación tendría sanciones imperiales, además de un gran costo económico, y simplemente dejaba que su administrador y amigo decidiera por su cuenta la mejor opción. Al final, para tomar su decisión, Jameson intentó pensar como si fuera Rhodes mismo y llegó a la conclusión de que para acabar con una fiera lo mejor era *atacarla* en su propia madriguera. Al fin y al cabo ningún imperio, ninguna nación y ninguna tierra había sido conquistada y mantenida por otro medio que no fuera primero el poder de la espada y, ahora, el de la ametralladora. Igualmente Jameson tenía presente unas palabras del administrador de Bechuanaland, Sydney Sheppard, en las que le advertía que no confiara en un levantamiento

Uno de los *laagers* levantado durante la marcha.

dentro del ejército de Lobengula para oponerse a una más que posible guerra con los británicos ya que…

> … el poder de Lobengula para sujetar a los jóvenes guerreros de su país ha disminuido significativamente en los últimos años. Los indunas más viejos, compañeros suyos de la niñez, se comenta que todavía están muy vinculados con su jefe, pero los regimientos más jóvenes, muchos de los cuales alardean de no tener ninguna sangre zulú y que consisten completamente en niños esclavos integrados desde la niñez para la guerra, se dice que son algo fieles a Lobengula. Es imposible prever el futuro de un país como este. Una rebelión de los jóvenes guerreros y una guerra civil a mí me parece altamente improbable. Algunos de los indunas matabele más viejos están reconociendo que están cansados de tanta carnicería, y desean sobre todo un gobierno pacífico con seguridad para la vida y las propiedades…. pero los regimientos jóvenes están inquietos y son sanguinarios pidiendo continuamente proceder con la matanza de víctimas desvalidas que no intentan resistirse y que poco pueden hacer para escapar o esconderse y Lobengula no se atreve a oponerse a la impetuosidad de sus regimientos, aunque lo deseara.

LOS MERCENARIOS BLANCOS TOMAN LA INICIATIVA

El plan de Jameson era sencillo, a la vez que audaz y peligroso, el mismo que en su momento *lord* Chelmsford había diseñado contra los zulúes: atacar directamente Bulawayo quemando durante el trayecto los *amakhanda* que encontraran. Rhodes hacía tres años que para defender sus propios intereses había creado la British South Africa Company (Compañía Británica de África del Sur)[50], pero ahora necesitaba hombres que estuvieran dispuestos a luchar y formó un cuerpo de aguerridas tropas mercenarias pertenecientes a países como Inglaterra, Escocia, Estados Unidos, Australia, etc. La respuesta fue inmediata en hombres pendencieros de la frontera, exploradores, cazadores y simples aventureros a los que se les entregó un contrato que hubiera sido el sueño de cualquiera en ese momento: un sueldo de 100 libras —una cantidad muy digna para la época— y, lo más importante, 3 000 acres de la tierra que iba a ser conquistada para los soldados, 6 000 en el caso de los oficiales, sin olvidar el reparto de las inmensas manadas diseminadas por el país y la posibilidad de participar en la extracción de oro comprando acciones de la compañía (el mismo reparto que en Mashonaland).

En apenas tres meses, y sin contar con los nativos aliados integrados en el cuerpo de policía de Bechuanaland[51], Jameson disponía de los 500

---

[50] Su lema era justicia, libertad y comercio. Tenía su propia bandera en la que en medio de la Union Jack aparecía un león que tenía en una de sus garras un cuerno de elefante. Desde el 29 de octubre de 1889 la compañía estaba autorizada por el Parlamento y la Corona, gracias a la llamada Carta de Privilegio (también llamada Carta Real), a firmar tratados en su nombre, luchar contra la trata de esclavos y tráfico ilegal de bebidas alcohólicas, administración de la región, control de tierras, etc. Con anterioridad, concretamente el 30 de abril del mismo año, habían puesto en conocimiento del gobierno británico su interés en ampliar el territorio norte de la Colonia del Cabo a través de la empresa The Gold Fields of South Africa Limited (la Compañía de los Campos de Oro de África del Sur, Sociedad Limitada) en la que estaba Rhodes y Rudd.

[51] En enero de 1885 se estableció al norte del río Orange el protectorado de Bechuanaland (hoy Botsuana) en un territorio que hasta entonces era popularmente conocido como «el camino hacia el norte» y «la ruta de los misioneros». El pastor protestante John Mackenzie, hasta la incorporación de Bechuanaland al imperio británico, ejerció como representante y comisario del territorio en nombre de la Corona. Esta gran extensión de tierra era ambicionada por los alemanes que presionaban desde Namaqualand (hoy Namibia) y la posibilidad de que cayera bajo su poder precipitó la anexión.

hombres de la policía de la Compañía Británica de África del Sur dirigidos por los mayores Allan Wison[52] y Patrick William Forbes[53]. A finales de diciembre de 1892 se prepararon para acabar definitivamente con los matabele, aunque por problemas logísticos la campaña no pudo empezar hasta septiembre del año siguiente. A diferencia de lo que había ocurrido en otras guerras africanas, en las que el hombre blanco había empezado los enfrentamientos convencido de su superioridad, y que tan alto precio pagaron por ello en batallas como la de Isandlwana, en esta ocasión fueron más cautos ya que sabían que los matabele eran una nación de guerreros y que estos eran perfectamente capaces de presentar una encarnizada resistencia.

Con 117 carros con abundante munición, dos cañones de 7 libras traídos desde Bechuanaland, servidos por una dotación de 44 hombres[54], centenares de caballos comprados en la Colonia del Cabo, dos ametralladoras Maxim montadas en pequeños carros[55], dos Gatling y una Nordenfelt pertenecientes al buque de la armada británica Raleigh, y 36

---

[52] Wilson había nacido en Escocia y ahora tenía treinta y siete años. Había llegado con los que a finales de la década de los años sesenta desembarcaron en el Cabo y en 1878 se enroló en la fuerza paramilitar de los Rifles Montados del Cabo. Poco después estuvo entre los que dieron formación a la Policía Basuto. Como tantos otros intentó probar suerte en la minería, concretamente en Barberton, en las montañas limítrofes al este del Transvaal con Zululandia (hoy distrito de Mapumalanga), pero no tuvo el éxito que él esperaba. En el protectorado de Bechuanaland trabajó para la compañía de Rhodes donde recibió la noticia de unirse primero al Cuerpo de Pioneros y después formar el embrión de la futura Policía Montada de Rhodesia. Fue una agradable alternativa para él.

[53] A diferencia de Wilson, que era un líder cercano, Forbes mantenía una clara distancia con los demás y algunos no le consideraban un oficial competente. Nació en 1861 y salió de la academia militar como teniente del 6º de Dragones. Llegó por primera vez a África del Sur en 1880 y se enamoró del continente. Era amigo personal de Jameson y esto influyó para que después del desastre del río Shangani no fuera llevado a una corte marcial, aunque muchos le consideraron desde entonces el principal responsable del desastre.

[54] Ambos cañones antes de su uso en territorio matabele y de su paso por Bechuanaland habían estado en la localidad de Makeking entre 1855 y 1877 al servicio de la batería de hombres montados de las fuerzas del Cabo. Estos cañones habían sido fabricados en Inglaterra, pero, cuando fueron trasladados a África del Sur, su cureña fue cambiada por la versión más ancha que ayudaba a impedir el vuelco.

[55] Inventado por el ingeniero norteamericano (aunque vivía en Gran Bretaña desde 1881) Hiram Maxim, en 1884 la ametralladora teóricamente disparaba hasta 600 proyectiles por minuto (300 era su número más real a finales del siglo XIX aunque más adelante fue perfeccionada aproximadamente a la cifra primera) y tenía un alcance de 1 500 metros. El concepto novedoso de la misma, a diferencia de la Gatling, era que la explosión de cada cartucho generaba la energía suficiente para su funcionamiento usando el retroceso de cada bala. Una cinta con los cartuchos en serie complementaba

carros suplementarios con toneladas de provisiones para hombres y caballos, por si eran sitiados, la fuerza se dividió en tres columnas, dos entrarían desde el norte y otra desde el este en un movimiento en pinza. Las armas personales siguieron siendo en 1893 el extraordinario fusil de retrocarga Martini-Henry. En la guerra de 1896-1897 volvió a estar nuevamente en activo, aunque para entonces algunas de las tropas imperiales y coloniales estuvieron armadas con el más moderno Lee-Metfords incluyendo su versión carabina. El revólver siguió siendo mayoritariamente el Webley[56].

El día 5 de octubre de 1893 se puso en marcha la columna de Wilson (llamada columna Salisbury) y la de Forbes (llamada columna Victoria) el día después. Ambas avanzaron con exploradores a caballo cubriendo el frente y la retaguardia, para dar aviso con el tiempo suficiente por si un *impi* matabele era divisado y formar inmediatamente con los carros un *laager*. El 16 de octubre el teniente coronel Goold Adams entró desde el este al frente de 225 hombres de la policía de Bechuanaland, siendo su segundo comandante el mayor Pieter Raaf[57] y con una leva de 500 lanzas de los hombres del rey Khama[58]. Durante el

---

el arma que resultó formidable para su época. Maxim murió en 1916 después de otros inventos muchísimo más pacíficos como las tenacillas para rizar el pelo, aunque desde luego esto es mucho menos conocido.

[56] En un artículo de la Sociedad de Historia Militar Sudafricana se cuenta que adicionalmente estuvieron presentes un total de 50 mauser, los cuales fueron usados por los hombres de Colenbrander, y que les prestó durante la Segunda Guerra Matabele el coronel Machado, gobernador de Mozambique, que fueron devueltos una vez terminada la campaña.

[57] Raaf había tenido un papel destacado en la Guerra Zulú de 1879 en las batallas de Hlobane y Khambula.

[58] Algunas fuentes elevan esta cifra hasta los 2 000. Khama vivía al norte de Bechuanaland y pertenecía a la tribu Bamangwato. A pesar de que ahora dependía de la voluntad de los británicos y del general Charles Warren, después de que su territorio se hubiera convertido en un protectorado de la Corona, estaba más cómodo con esta situación que con la que hasta entonces había vivido con los bóers. En 1876 había pedido ayuda a la reina Victoria, a través del alto comisionado para África del Sur, ya que según sus propias palabras: «Los bóers están entrando en mi país y ellos no me gustan. Su manera de actuar con nosotros, las personas negras, es muy cruel... ellos nos venden a nosotros y a nuestros niños. Le ruego a Su Majestad que me defienda, como ella defiende a toda su gente. Hay tres cosas que me producen gran pesar: la guerra, que se vendan personas y la bebida. Todas estas cosas las he encontrado en los bóers... La costumbre de los bóers siempre ha sido apresar a las personas para ser vendidas, y, a día de hoy, ellos todavía continúan vendiendo personas».

avance, las tres columnas que nunca recorrieron más de 20 km diarios, ya que si forzaban la marcha los bueyes caían como moscas, fueron construyendo diferentes fuertes y campamentos.

Con el enemigo ya avanzando en su tierra, Lobengula envió una partida de hombres para entrevistarse con las columnas que avanzaban en su territorio y los mensajeros fueron recibidos a tiros, muriendo uno de los hijos de un importante consejero del reino. La noticia fue un jarro de agua fría para el rey y para todo el ejército matabele, que comprendieron que la guerra era inevitable. A pesar de ello, Lobengula realizó un último y desesperado gesto para la paz enviando una segunda delegación encabezada por su hermano Inguboghubo, dos *indunas* y un blanco, James Dawson, para contar que los ataques a los blancos en Mashonaland habían sido en contra de su voluntad y que no volverían a producirse. Lobengula estaba perfectamente al corriente de lo ocurrido con los zulúes en 1879 cuando con un ejército de guerreros, que casi triplicaba el suyo, habían sido incapaces de ganar la guerra a los británicos, y el rey matabele quería evitar un enfrentamiento que anticipadamente era consciente de que no podía ganar. También sabía que los 10 000 guerreros pedis de Sekhunkhune habían sido igualmente barridos del Transvaal por *sir* Garnet Wolseley y que los swazis permanecían totalmente sumisos para que bóers y británicos no les quitaran más territorio, por lo que intensificó los esfuerzos diplomáticos.

James Dawson localizó una de las columnas y avanzó hasta ella en solitario. Lo que ocurrió después no está claro pero, cuando el resto de la comitiva del rey se acercaba, una lluvia de disparos cayó sobre ellos, matando a los dos *indunas* y dejando al hermano del rey en estado de *shock* recuperándose posteriormente tras varias horas en las que llegó a perder el habla[59]. Inguboghubo recordó después las proféticas palabras que años atrás había pronunciado su hermano:

> Los blancos, tarde o temprano, se echarán sobre nosotros como los leones sobre su presa.

---

[59] En su momento este suceso provocó cierta indignación tanto en Ciudad del Cabo como en Londres y se ordenó una investigación de la que los principales causantes quedaron absueltos. El coronel Goold Adams argumentó que al ver a los hombres negros venir solos creyó que eran espías y por eso ordenó disparar. Los policías montados, enviados después de los primeros disparos para investigar, al ver a los hombres

TAMBORES DE GUERRA

Estaba claro para Lobengula que los británicos, a diferencia de él, buscaban la guerra a toda costa. La presencia militar de los blancos, que habían traicionado su hospitalidad y se habían aprovechado de las riquezas de su tierra, era un acto intolerable y lo ocurrido con su hermano exigía una respuesta contundente. El 10 de octubre se congregaron miles de guerreros matabele en el interior del poblado real después de realizar la protocolaria purificación espiritual para prepararse para la guerra. Tras una larga espera Lobengula apareció ante sus guerreros, junto a sus dos grandes consejeros Magwegwe y Mhalaba KaMncumbate, y les dijo que tenían la obligación de eliminar del país a quienes habían entrado sin su permiso. Ellos debían reforzar al *ibutho iNsukhameni* que estaba esperando que el resto del ejército se les uniera y que vigilaba hasta el momento el avance de las columnas del enemigo. Tras unas palabras finales de aliento se retiró a su choza y el *impi* respondió con el saludo real *¡Bayete!* clavando una y otra vez las puntas de sus lanzas en el suelo, como si estuvieran atravesando simbólicamente al enemigo. Antes de partir advirtió a sus generales que la mejor manera de atacar a un convoy era cuando estuvieran cruzando un río, momento en que sin duda era más vulnerable. En la medida de lo posible debía evitar atacar a plena luz del día y debían procurar la oscuridad, ya que la noche sería su mejor aliado para ocultar sus movimientos de flanqueo y efectivos. Cuando el ejército matabele, el segundo más grande congregado en África después de la marea negra zulú que barrió a los chaquetas rojas en Isandlwana, partió de Bulawayo, lo hizo cantando el orgulloso himno del reino que se había compuesto en honor de Lobengula, tras su victoria en la guerra civil, el cual decía:

> Los matabele somos grandes y poderosos,
> nuestras azagayas son puntiagudas
> y nuestros poderosos escudos son temidos por todos.

---

correr, también creyeron equivocadamente que se trataba de espías y ellos también les dispararon. Muchos lo consideraron tan solo un lamentable error y moralmente los exoneraron, pero otros, como el Alto Comisionado para África del Sur, no lo tenían tan claro, y este último estaba entre los que pensaban que algunos hombres blancos tenían «demasiada inclinación para apretar el gatillo contra un hombre negro».

> Nadie puede permanecer firme delante de nosotros en la batalla.
> Somos guerreros; más allá de nuestro país viven los cobardes,
> los perros y los esclavos.
> Somos hombres; aquellos que solo son esclavos y perros
> deben ser tratados como tal.
> ¿Quién se parece a nuestro gran rey?
> ¿Nos referimos a él simplemente como el niño de Mzilikazi?
> Cuando nosotros nos dirigimos a él le llamamos:
> Zulú (Cielo),
> Hlabeazulu (Proveedor de la lluvia que cae de cielo)
> Babamkulu (Gran Padre)
> iNkhosi aMakhosi (Rey de Reyes)
> iNkhosi Wezulu Yomahlaba (Rey del cielo y de la tierra).

El 15 de octubre las columnas de mercenarios, que permanecían de momento ajenas a los movimientos del ejército matabele, cruzaron río Shashi. El 18 de octubre las columnas del norte se encontraron en la montaña conocida por ellos como La Mina de Hierro y desde entonces avanzaron juntas, una a la vista de la otra, separadas por aproximadamente 300 metros y capturando un gran rebaño que les sirvió de alimento, durante varios días, a la hora fuerza mixta de 672 hombres. El día 20 ocurrió una escaramuza donde un oficial de la columna Victoria resultó herido de bala en una pierna, se trataba del capitán Campbell, teniéndosela que amputar el propio Jameson. Al no poder cortar la hemorragia el oficial falleció esa misma noche desangrado. El obispo de la iglesia metodista G. H. Knight, con el apoyo de la sociedad bíblica, se había unido con su propio caballo a la columna y fue testigo de la muerte de Campbell:

> Casi mi primer deber al unirme a ellos fue enterrar al capitán Campbell. Él había resultado herido en una pequeña escaramuza, y fue necesaria la amputación de su pierna entera. Los hombres de la columna Victoria habían tenido un enfrentamiento el día anterior, donde se mató aproximadamente veinte matabele. Esa misma tarde el capitán Campbell murió. Hablando humanamente su temerario valor le costó la vida, y él montó casi dos millas con el hueso de su cadera malamente roto. Estuve agradecido de encontrarme allí y poder estar con él, aunque no podía imaginarme que su final estaba cercano. Aproximadamente quinientos hombres asistieron al entierro; se dispararon tres salvas, y dije unas palabras. La siguiente vez que otro hombre se murió en el campamento Victoria, nosotros le pusimos en silencio en su tumba a la luz de una linterna. Después de avanzar más allá del puesto de los centinelas, incluso a la luz de la luna, resultaba difícil regresar entre la masa de hombres y caballos dormidos.

La auténtica historia de *Las minas del rey Salomón*

Exploradores nativos shonas de las fuerzas de Jameson.

La siguiente baja fue también dramática para las columnas, ya que perdieron a uno de sus mejores exploradores, Edward Burnett. En un punto del horizonte se vio una gran bandada de buitres volando en círculo y un grupo de jinetes se acercaron a investigar. Inmediatamente se pensó que podría tratarse de Burnett y de otro jinete que habían salido el día anterior y todavía no habían regresado y, efectivamente, llevaban razón. En algún momento habían sido sorprendidos por una avanzadilla del ejército matabele que los cercó. En un principio se pensó que Burnett solo estaba gravemente herido y en uno de los carros se preparó un lugar para atenderle de urgencia, pero cuando regresaron con él era evidente que estaba muerto. Curiosamente el obispo Knight, que no cejaba en su tarea evangelizadora repartiendo Biblias y Nuevos Testamentos, le había preguntado pocos días antes a Burnett que si salía de la guerra cuáles eran sus planes eternos con respecto a Dios, y Burnett, con cierto desprecio, le contestó que la muerte no entraba en ellos. Ambos hombres también fueron enterrados a la luz de la luna.

Otras de las bajas entre los exploradores fue la del capitán Gwynneth Williams cuyo caballo se desbocó y cabalgó hacia una gran concentración de guerreros sin que el jinete pudiera controlarlo. Mientras decenas y decenas de gritos de las gargantas de los matabele se elevaban de gozo por el inesperado regalo que iban a tener, varios disparos salieron de sus armas y uno de ellos mató al caballo. Animal y hombre rodaron violentamente por el suelo, hasta que aturdido, pero decidido a no regalar su vida, el oficial sacó su carabina de la funda del caballo muerto y corriendo se refugió en un pequeño roquedal. Tras acabar las 30 rondas que llevaba en su bandolera disparó con su revólver y, ya sin munición, cuando algunos de sus enemigos estaban muertos o moribundos, consiguieron matarle de un disparo.

Los siguientes días los hombres de las columnas, que presentían que una gran batalla estaba a las puertas, tenían los nervios a flor de piel y las alarmas eran constantes. En una de ellas un piquete de guardia disparó un tiro de alerta produciéndose un intercambio de disparos, entre ambos *laagers,* donde ocho nativos aliados resultaron muertos o heridos al confundirlos en medio de la excitación con el enemigo.

A las diez de la noche del martes 24 de octubre de 1893 un explorador a caballo de las dos columnas advirtió que a unos 11 km al noroeste había avistado una hora antes un gran *impi* matabele, entre 4 000 y 6 000 guerreros, avanzando a buen ritmo dividido en dos columnas. Minutos más tarde un segundo aviso llegó diciendo que una tercera columna formada por otros 3 000 guerreros también había sido descubierta. El primer avistamiento correspondía a la fuerza de choque matabele con un total de cuatro regimientos: *iNduba, iHlati, iSiziba* e *iNsukhamhi*. La segunda fuerza eran dos regimientos en reserva.

En los carros, que ya estaban en posición en cuadro oblicuo junto a la orilla sur del río Shangani desde el día anterior, los hombres de Jameson tomaron posiciones en lo alto de los mismos y se prepararon para el inminente ataque. A las 3.45 de la madrugada del miércoles 25 de octubre el cuerno izquierdo, compuesto por los guerreros del regimiento *iHlati*, cayó sobre el contingente nativo aliado y mató a más de 50 de ellos. Sorprendentemente estos hombres habían preferido pasar la noche al raso, a pesar de conocer que un *impi* matabele se estaba acercando. Mientras los supervivientes ahora corrían despavoridos hacia el

La auténtica historia de *Las minas del rey Salomón*

Primer gran ataque matabele sobre uno de los *laagers* de las columnas de invasión durante la Primera Guerra. Los guerreros fueron rechazados con grandes pérdidas.

interior de los *laagers* y siendo algunos de ellos alcanzados por fuego amigo, los primeros guerreros matabele fueron vistos maniobrando para rodear los *laagers* pasadas las cuatro de la madrugada, cuando en esta parte de África empieza a levantarse tímidamente el sol. Según el testimonio del obispo Knight, escuchó a uno de los hombres del *laager* gritar:

¡Aquí vienen!

Se trataba de centenares de matabele, golpeando la parte interior de sus escudos con la puntas de las azagayas lanzándose en una lenta, pero decidida carrera, disparando sus armas de fuego y siendo recibidos por una nube de proyectiles de gran calibre de fusiles, ametralladoras y artillería. Los cañones de 7 libras llegaron a matar hasta 12 hombres en una de las explosiones, pero el trabajo más mortal e intenso era el que provocaba la ametralladora Maxim donde en un lugar se encontraron al amanecer hasta 20 hombres apiñados uno encima de otro formando una pequeña montaña.

El obispo Knight saltó de su carro al interior del *laager* justo cuando una de las balas de los guerreros pasó silbando por encima de su cabeza y entonces…

> … yo me reuní con un hombre herido que había sido sorprendido por los matabele mientras guardaba el ganado con algunos nativos, a una distancia de un cuarto de milla del campamento. Cómo él consiguió llegar con los matabele corriendo detrás de él y con las ametralladoras delante es un misterio. Los shonas amistosos lucharon bien. Cuando los primeros matabele fueron vistos por primera vez, algunos estaban solo aproximadamente a sesenta pasos de las carretas, y su fuego parecía venir de todas las direcciones.

Cuatro horas después, tras tres decididos ataques en los que fueron incapaces de entrar dentro de los carros, los matabele se retiraron dejando más de 500 muertos alrededor de los *laagers*. En comparación las bajas entre sus enemigos, sin contar a los aliados nativos, habían sido menos de una docena, incluyendo a muertos y heridos. Todos los heridos matabele fueron posteriormente ejecutados sin contemplaciones, en algunas ocasiones cruelmente degollados, y no hicieron prisioneros. De las atrocidades del hombre blanco el obispo Knight las omitió deliberadamente, aunque no dudó en contar lo que los matabele hicieron con los shonas durante el primer ataque:

> Lo más pronto posible bajé hasta al kraal donde los matabele habían sorprendido primero a los shonas que guardaban el ganado. Aquí, entre los muertos, encontré a tres mujeres heridas, terriblemente atravesadas con las azagayas, una con un corte a través de los pulmones, y al principio pensé que ella no podría moverse. No lejos de allí estaba lanceado un niño pequeño. Los soldados de caballería se portaron muy bien ayudándonos y consiguiendo agua para ellos… Nosotros conseguimos camillas para dos de las mujeres, y la otra la llevé yo con las mantas y tres mashonas ayudándome. Los médicos fueron muy amables con los nativos —hombres y mujeres— y trabajaron por espacio de diez horas. Un pequeño bebé fue encontrado y los médicos de la columna del Fuerte Victoria me hablaron de una niña de seis años con la mandíbula rota…

Los matabele habían sufrido un gran número de bajas y comprobaron en sus propias carnes el tremendo poder destructivo de las nuevas armas de fuego del hombre blanco, mucho más precisas y mortales que las que habían conocido sus padres y abuelos en Vegkop, pero lo cierto es que aunque habían tenido un serio revés aún no se sentían derrotados.

El 27 de octubre se encontró un bebé shona de ocho meses abandonado con una herida en la pierna después de que su madre fuera matada por los matabele, y una de las mujeres que había sido herida durante el primer ataque a los *laagers,* y que había perdido a su propio bebé, pidió que se lo dieran a ella. Tras ser primeramente atendido por el propio Jameson, se lo entregaron después a la mujer shona en medio de una exclamación general de aprobación. Debió de ser muy evidente en aquel momento que paradójicamente el ser humano seguía siendo capaz de lo peor y, también, afortunadamente en este caso, de lo mejor. Pero la pequeña alegría sería pasajera ya que el 2 de noviembre las columnas serían objeto de un nuevo gran ataque, ahora en Bembesi.

Igual que el enfrentamiento anterior el ataque comenzó cuando estaba a punto de amanecer y los primeros en darse cuenta del acercamiento silencioso del *impi* fueron los hombres de los piquetes de guardia. Uno de ellos no tuvo tiempo de reaccionar y lo mataron en su puesto. Otro sí pudo disparar un tiro de alerta y correr a toda velocidad hacia uno de los *laagers* cubierto por el fuego de la ametralladora Gardner.

En esta ocasión el *laager* de la columna Salisbury se posicionó al norte y el de la columna Victoria, al sur. El primer ataque lo protagonizó el pecho con los *amabutho mNbezu* y *nGubo*, siendo el cuerno derecho el regimiento *iNsukhumeni* y el cuerno izquierdo el *iNnoho*. Los matabele demostraron en esta batalla una mayor determinación en sus asaltos, pero a pesar de ello fueron nuevamente incapaces de romper la terrible barrera de fuego. Un oficial presente, *sir* John Willooghby, dijo:

> Ningún ejército civilizado hubiera sido capaz de soportar aquel terrorífico fuego por mucho tiempo.

Varios hombres se distinguieron durante la batalla, concretamente los soldados Barnard, Siebert y Cary que fueron atacados fuera del *laager y* fallecieron el día después por las heridas. Nuevamente las ametralladoras resultaron decisivas y según un testigo:

Cuando el *impi* matabele se retiró la persecución
de la caballería fue implacable.

> Fueron diez sucios minutos, sobre todo ahora que los matabele disparaban sus rifles con mucha más precisión que la otra vez, y avanzaron con un maravilloso valor hasta ochenta pasos de las carretas. Entonces vacilaron y regresaron a los arbustos, pero de allí no pudimos desalojarlos en todo el día. Cuando bajé para comprobar si había algún herido, no encontré ninguno, solamente había muertos; todo esto me hizo comprender el terrible precio de las ametralladoras. Debió de necesitarse un extraordinario valor para haber surgido de la colina contra su fuego.

El obispo Knight continuó con su apasionante relato:

> Los arbustos aludidos estaban lejos, a unos quinientos pasos, y hombres con prismáticos pudieron ver cómo el frente de la tierra temblaba cuando las balas impactaban. El poder de concentración del fuego en una posición fija parece ser un decisivo factor en la mortífera calidad de las ametralladoras, como su rapidez de fuego.

Algunos hombres estaban sorprendidos no solo por el alto poder destructivo de la ametralladora Maxim, también porque podía elevar su fuego por encima de sus propios hombres en retirada y barrer filas enteras del enemigo detrás de ellos.

Pero a pesar del enorme derroche de valor de los guerreros el resultado fue el mismo que en la batalla anterior: centenares y centenares de valientes guerreros caían abatidos con cada descarga de los fusiles, los proyectiles de los cañones y las ráfagas de las ametralladoras, que abrían grandes claros entre las formaciones en masa de los regimientos matabele, y con dos *amabutho* de élite diezmados, el *nGubo* y el *mNbezu*, comandados por un tío del rey, el *induna* Mishano Khumalo. Este último regimiento, el favorito del rey, había tenido más del 75% de bajas y todo el *impi* perdió casi 1 000 guerreros. Ese día las pérdidas de los mercenarios blancos fueron aún más insignificantes, tan solo tres hombres murieron durante la batalla y cinco más resultaron heridos, de los que tres fallecieron al día siguiente; ninguno de ellos por lanza, sino por disparos de fusil.

Comprendiendo que la guerra estaba completamente perdida y que las fuerzas de Jameson se acercaban a su poblado, Lobengula que estaba espantado al comprobar que de los 1 000 guerreros que antes vivían en el poblado real solo habían regresado 200, entre ellos uno de sus yernos gravemente herido, montó en un carro en dirección norte hacia el río Zambeze, escoltado por 84 guerreros de su guardia real, varios de sus más importantes *indunas*, su familia y una parte del resto de sus diezmados regimientos.

El sábado 4 de noviembre de 1893[60] las dos columnas de Jameson convergieron sobre el abandonado Bulawayo tan solo para comprobar que su presa había escapado y que había prendido fuego a su propio poblado. El incendio era tan enorme que podía distinguirse a kilómetros de distancia desde el río Umguyo. Un hombre de la columna dijo:

> Una gran columna de humo subía hacia el cielo y se extendía hasta tomar la forma de un paraguas enorme.

Con un grupo de gaiteros en vanguardia de la columna, seguidos por el resto de los hombres que entonaban al unísono con gran altilocuencia una canción compuesta especialmente para la ocasión *La Marcha a Bulawayo*, entraron en las cenizas del *kraal* real.

---

[60] Hasta la independencia del país en 1981 este día fue festivo y era llamado *el día de la ocupación de Matabeleland*.

Jameson y sus hombres observan desde la distancia cómo arde Bulawayo, capital del reino matabele. Obsérvese como las casas de los misioneros fueron respetadas.

En las cercanías del destruido Bulawayo se encontraron con varios blancos a los que los matabele, por orden de Lobengula, no habían atacado. Entre ellos estaba un misionero, William Usher, quien contó que el rey se encontraba en un profundo estado de abatimiento y que antes de marcharse había quemado personalmente todos los regalos que los hombres blancos le habían hecho hasta entonces, incluyendo el cuadro que le había regalado la reina Victoria, y juntando una gran cantidad de pólvora había hecho volar todo por los aires. Uno de los hombres de la columna fue testigo de lo que encontró después en este mismo lugar:

> ... nos apresuramos hacia la casa de Lobengula, o más bien a sus ruinas, para ver si podíamos encontrar algo de las riquezas de las que se hablaban... pero nada de valor fue encontrado, salvo una divertida colección de cosas, pero claro todo estaba destrozado por la explosión..

Entre los restos apareció un gramófono, discos de ópera, armas y juguetes de todas clases. Se estimó que podían haberse destruido en la explosión hasta 40 000 rondas de munición para Martini-Henry. Quien sí hizo su agosto fue el buhonero amigo del rey, que con su carro repleto de víveres vendió casi todo lo que tenía a los hombres de Jameson, entre otras cosas, tocino, tabaco, carne enlatada, etc.

La llegada a Bulawayo y lo que allí encontraron también fue descrito por Knight:

> El 3 de noviembre nosotros estábamos en algún lugar a unas 8 millas al este de Bulawayo. Desde allí lo vimos arder y escuchar que el rey había hecho explotar toda su munición y se había retirado al norte con sus seguidores, enviando a cuatro mil hombres contra el mayor Gould Adams. Él había dejado a dos blancos en el poblado protegidos bajo una guardia. Esto debe reconocerse. El 4 de noviembre nosotros llegamos a Bulawayo. El rey había quemado su propia casa y tanto del poblado como fue posible; pero no tocó las casas de los comerciantes blancos... Yo anduve poco después por el quemado poblado tras nuestra llegada. Todo era muy triste. La misericordia de uno hacia las personas casi me hizo olvidar el asunto de la iniquidad que tenía su origen aquí, durante los escasamente últimos veinte años no puede haber habido un lugar en la tierra que haya visto más asesinatos. Incluso el último de ellos fue el de una joven mujer que estaba en una de las chozas. Pienso que ella era una esposa real.

Capítulo V
La patrulla del río Shangani, la versión africana de la muerte del general Custer

> El silencio se prolongó todavía, más profundo, ante aquella aterradora presencia. Pero, de repente, Tuala levantó en alto su azagaya. Diez mil lanzas brillaron al sol...
>
> *Las minas del rey Salomón.*

Una de las casas, que por orden del rey había sobrevivido al incendio, se convirtió el día cinco en un improvisado hospital de campaña. Uno de los hombres blancos heridos en Bembesi murió por la tarde y un cuarto de hora después su cama fue utilizada por uno de los ayudantes del doctor que resultó herido por una explosión accidental. El resto de las camas del hospital fueron ocupadas por 16 europeos y aproximadamente 20 nativos.

El día 7 mientras varias patrullas seguían intentando localizar el paradero del rey, una carta fue enviada para Lobengula a manos de un solitario mensajero, John Grootboom[61] que, ayudado por el conocimiento del idioma ndebele y las preguntas que realizó a varias mujeres, localizó al rey a casi 50 km al norte de Bulawayo.[62] En la carta Jameson

---

[61] Grootboom era un nativo de la tribu xhosa (otros creen que de los tembu) que había nacido en la frontera oriental de la provincia del Cabo. Se encontraba en la tierra de los matabele después de actuar como conductor de carros para una familia de misioneros y posteriormente decidió quedarse en el país. Su forma de ser, y sobre todo por su indiscutible valor, le permitió ganarse el reconocimiento de todos.

[62] Otro de los hombres que se ofreció para llevar el mensaje era el obispo Knight ya que pensaba que el rey, a quien conocía desde hacía cinco años, le respetaría por

invitaba a Lobengula a la rendición volviendo hasta Bulawayo y garantizándole que sería tratado con respeto y que no debía temer nada. Continuar la guerra no era más que seguir derramando sangre innecesariamente, pero si no se entregaba, tomaría todas las medidas necesarias para acabarla cuanto antes, ya que estaba determinado a alcanzar una paz que permitiera a blancos y negros vivir en amistad. La carta fue escrita en isizulu (lengua zulú), inglés y holandés, y Lobengula tenía tiempo para que el mensajero regresara con su respuesta y dos días adicionales más para presentarse.

No ha quedado ningún registro de lo que debió experimentar Grootboom cuando entró dentro de la masa de guerreros para dar el mensaje a Lobengula, pero no es difícil imaginarlo. Con el rey se encontraba uno de sus hombres que tiempo atrás había estado varios años con un misionero y hablaba y entendía bastante el inglés y el holandés, de hecho se había cambiado el nombre y ahora respondía como John Jacobs,[63] que trasladó el contenido de la carta de Jameson a Lobengula. La primera respuesta del rey fue corta pero clara:

> ¿Y para qué iré yo?

A pesar de ello Jacobs escribió las palabras que inmediatamente después Lobengula le dictó:

> He escuchado todo lo que usted ha dicho para que vaya, pero permítame que le pregunte dónde están todos mis hombres que envié como Maffet y Jonny y James, y después los tres hombres Gobogobo, Mantose y Goebo que también fueron. ¿Si voy dónde quiere que consiga una casa para mí si todas mis casas han sido quemadas?, y también, en cuanto los hombres que envié regresen, entonces, iré.

---

considerarlo un blanco neutral, pero Jameson lo último que quería era poner a un clérigo, por muy amigos que hubieran sido, al alcance de un hombre que en los últimos días sus derrotas podían haberle hecho cambiar de percepción, y, amablemente, lo desestimó por considerarlo un alto riesgo.

[63] Jacobs tenía entonces entre treinta y treinta y cinco años y era un hombre de gran confianza de Lobengula que solía estar presente en la mayoría de los encuentros con los blancos, no solo para actuar como intérprete, también para dar al monarca una visión personal sobre los asuntos tratados.

La auténtica historia de *Las minas del rey Salomón*

Victoriosos matabele celebran su victoria
sobre Wilson y sus hombres.

Algunos de los hombres de Patrick Forbes portando una interesante mezcla de armas: escopetas del calibre 12, carabinas Siburney-Henry, fusil Martini-Henry y hasta un Winchester del modelo de 1873.

El 14 del mismo mes la columna del sur, que había sido acosada el 2 de noviembre por un *impi* de 4 000 guerreros, aunque muy tímidamente mantuvo solo una escaramuza, llegó por fin a Bulawayo. Jameson ya sabía el posible paradero del rey por el hombre que le había encontrado y que regresó el día 19, ordenando que una gran fuerza partiera en su búsqueda para traerlo vivo o muerto bajo el mando de Patrick Forbes quien seleccionó a 90 hombres de la columna Salisbury, 60 hombres de la columna Victoria, otros 60 de la columna Tuli, 90 de la policía de Bechuanaland y 158 nativos del mayor Raafs, llevando con ellos dos ametralladoras.

Al pensar que no tardarían muchos días en encontrar al rey apenas se llevaron suministros para una semana, puede que incluso menos, e imprudentemente solo cogieron 100 rondas de munición extra para fusil y 20 para los revólveres. Durante varios días la fuerza avanzó sin gran oposición, aunque las escaramuzas eran constantes, con grupos de hombres montados diseminados en pequeños grupos que peinaban el contorno en busca de su presa. Pero el mayor problema surgió dentro de los oficiales presentes. Raaf tuvo una seria discusión con el mayor Forbes, al considerar que el número de hombres que él estaba utilizando para apresar o destruir definitivamente a Lobengula era claramente insignificante y altamente peligroso. Jameson era del mismo parecer y tras ser puesto al corriente les envió refuerzos con los capitanes Napier y Borrow, con suministros adicionales, ascendiendo ahora la expedición a casi 300 hombres.

El 21 de noviembre capturaron a uno de los oficiales del ejército matabele quien confesó la cercanía del rey, igualmente contó que la moral entre los guerreros era baja como consecuencia de las últimas derrotas, pero la fuerza de los guerreros que le acompañaban era todavía notoria, ya que en los últimos días había aumentado a tres regimientos y los restos de la guardia real.

Perseguir a Lobengula con los carros retrasaría la marcha, por lo que se decidió que el día 29 varios de ellos volvieran en busca de provisiones mientras el resto avanzaba solo con los caballos, unos pocos carros livianos y las ametralladoras. Además, varios bueyes que estaban exhaustos habían muerto de agotamiento por no darles el descanso adecuado, retirándose un nuevo grupo de carros hasta el valle Umhlangeni. Los hombres a caballo, unos 170, con raciones ahora para dos semanas, continuaron avanzando.

RUSELL BURNHAM, UN AMERICANO EN ÁFRICA

El 8 de diciembre, uno de los exploradores de la columna, Rusell Burnham, obtuvo una gran captura. La vida de Rusell Burnham es digna de contar. Tenía en ese momento treinta y cinco años y había nacido en el territorio de los Estados Unidos que entonces se llamaba «la frontera» y que era la línea ficticia que separaba la expansión del hombre blanco del territorio indio de lo que hoy es Montana, Dakota y Minesota. De niño estuvo a punto de morir a manos de una partida de guerra india, lo que convenció a su padre para moverse a un territorio menos peligroso. Durante los siguientes años se descubrió en él un talento natural para seguir el rastro, entre otras cosas por su frecuente contacto con los indios siendo un adolescente, y trabajó después para el ejército como explorador durante las guerras apache. Tras ejercer como *sheriff*, cazarrecompensas,

Uno de los incidentes más famosos de la batalla del río Shangani fue cuando el explorador Burnham disparó a un *induna*.

minero, y tener tiempo para casarse, en 1893 se embarcó con destino a África. Es difícil saber qué le pudo llevar a un hombre así a cruzar el Atlántico, el sentido inverso de lo que muchos hacían en aquel momento que veían América como la tierra de las oportunidades. Probablemente esto último era lo que había desaparecido para Rusell y solo África, con sus animales salvajes, sus tribus guerreras, que, a diferencia de América donde ya habían sido sometidas, aquí permanecían en pie de guerra y, sobre todo, porque África tenía minas llenas de oro como California. Un año antes se enroló en los mercenarios de Jameson y pronto sus cualidades como explorador claramente destacaron para todos.

Burnham y su compañero Colenbrander dispararon a dos pastores matabele, que resultaron ser dos jóvenes muchachos, y apresaron a uno de ellos. Este era un chico altivo que dijo ser un familiar de Lobengula (posiblemente un sobrino). Confesó que el rey estaba cerca y que sus carros se habían atascado en el barro, de hecho él iba en busca de ayuda para liberarlos. Con la información aportada por el pastor (otras fuentes dicen que era un desertor o incluso un *induna*) se supo que muchos de los guerreros estaban desmoralizados, hambrientos y algunos enfermos por culpa de la viruela.

La columna continuó avanzando intentando comprobar por ellos mismos la información. Llegaron a una choza donde se encontraba otro muchacho al que interrogaron, a pesar de la advertencia del joven apresado con anterioridad que gritó al otro que tuviera cuidado con lo que contaba. Las advertencias del familiar de Lobengula, según el testimonio de Burnham, no dieron mucho resultado ya que él habló con toda sinceridad y confirmó que el rey había estado allí tan solo un día antes. Aparentemente Lobengula estaba enfermo y la moral de los restos de los regimientos que le acompañaban era muy baja. Además existía la posibilidad de que una parte muy importante del *impi* se hubiera desplazado al sur, para atacarles por la espalda, liderados por el principal *induna* llamado Mjaan. La tentación de seguir toda la columna hacia delante era muy alta, pero apenas quedaban dos horas para que se pusiera el sol por lo que Forbes decidió que solo un pequeño grupo continuara. El elegido fue el mayor Allan Wilson y quince hombres con los mejores caballos; con ellos iría Burnham:

> ... recibí órdenes para acompañarlos y, junto con Bayne, hacer de exploradores. Mi caballo estaba exhausto por la jornada de trabajo que había hecho; lo comenté al mayor Forbes e inmediatamente él me dio el suyo. Era un caballo joven, pero fuerte, y en comparación bastante descansado.

Wilson y los demás cruzaron el río Shangani por un vado y se encontraron de golpe con un nutrido grupo de matabele, incluyendo mujeres y niños. Sorprendentemente nadie hizo ningún intento de luchar, a pesar de que los hombres de la patrulla de Wilson notaron que muchos guerreros llevaban armas de fuego. Wilson dijo que ellos no querían matar a nadie, tan solo hablar con el rey. Todavía sorprendidos, uno de los nativos se ofreció voluntario para guiarlos ante el rey. Wilson entonces le preguntó:

> ¿Cuántos hombres están con el rey?

El guerrero indicó que de 50 a 100 hombres. Wilson ordenó a Burnham que continuara adelante y que no permitiera que se le escabullese, mientras el resto les seguía a cierta distancia cubriéndole la espalda. Wilson sabía que estaba pisándole los talones al rey y decidió continuar adelante. Uno de sus hombres presintió que estaban cabalgando directamente hacia una emboscada y le pidió al mayor que no continuara avanzando, pero este se negó.

Alrededor de las cinco de la tarde la patrulla pudo ver desde la distancia a una parte muy importante de los que acompañaban al rey y cómo estaban cenando o en fase de preparación de los alimentos. Por los escudos pudieron distinguir que se trataban de los restos del regimiento *mNbezu* y para evitar una confrontación se retiraron a una prudente distancia. El guía matabele que los había llevado hasta allí aprovechó el momento para escabullirse.

Wilson vio las marcas en el suelo, entre la alta hierba pisada, de las ruedas de un carro y se animó ante el premio de lo que supondría la captura de Lobengula. Dos días antes habían visto también los restos de fuegos de campamento junto a dos carros del rey carbonizados después de que les hubieran pegado fuego y, junto con el rastro en el suelo que se extendía a lo largo de varias millas, era también evidente que un gran contingente de guerreros le acompañaba, desde luego mucho más numeroso de lo que ellos habían visto y lo que le habían contado esa misma tarde. Un poco más adelante encontraron el carro del rey, fácilmente identificable porque tenía un toldo lateral con un caballo blanco ensillado, y con gran precaución se acercaron hasta allí pensando que podrían apresarle. Tras acercarse Wilson elevó la voz:

> Sabubona Lobengula (Hola Lobengula).

Pero ya no había nadie. El rey había abandonado el carro y montando en otro caballo se acababa de marchar con su guardia, su familia y su principal consejero, separándose del resto de los guerreros avanzando más al norte, en contra de la voluntad del resto de los *indunas* que le sugirieron retirarse a las colinas de Matopo desde donde podría liderar una guerra de guerrillas.

Los Matopo eran, y son todavía, una región donde la vida salvaje es abundante, donde no falta casi ninguno de los grandes animales de África. Se trata de una cordillera baja con formaciones de granito cuyas rocas los agentes meteorológicos, en ocasiones, han esculpido con formas curiosas. Entre sus innumerables cuevas, grietas y pasos ocultos, se dice que vivieron algunos de los primeros seres humanos y hoy es un parque nacional que acoge, entre otros, los últimos rinocerontes en plena vida salvaje[64]. Estas colinas eran un lugar sagrado para los matabele ya que en ellas decían que era donde descansaban los *malindizhimu* (espíritus).

LA PATRULLA ESPERA REFUERZOS

Wilson desconocía que Lobengula se hubiera separado del cuerpo principal de sus seguidores y seguía pensando que tenían alguna posibilidad de atraparle. A las seis de la tarde dedujo que su fuerza era desde luego muy escasa y, ya que estaba anocheciendo y que era casi imposible seguir el rastro, decidió dormir al raso y pidió refuerzos con tres

---

[64] Varias de sus cuevas, como Silozwane y Nswatugi, tienen pinturas rupestres que han sido fechadas con una antigüedad de al menos treinta mil años.

El tercero comenzando por la derecha de la fila central es el mayor Allan Wilson, junto a varios de los hombres que morirían con él ese 4 de diciembre de 1893.

mensajeros. Para garantizar que al menos uno de los mensajes llegara estos seguirían dos rutas distintas, el capitán Napier por un lado y dos voluntarios montados por otro, los cuales llegaron por la noche al campamento de Forbes con muy pocos minutos de diferencia, informando que Wilson estaba muy cerca de descubrir el paradero de Lobengula y que pedía refuerzos urgentemente. Textualmente la petición era:

> Estén aquí por la mañana muy temprano, con el resto de la columna y las ametralladoras Maxim.

Napier le contó a Forbes que Wilson quería, si había problemas para vadear el Shangani con los carros, que cogieran las ametralladoras, las desmontaran y las pusieran en caballos, pero era necesario que las trajera sin falta ya que tenían la mejor oportunidad de capturar al rey y acabar de golpe con la campaña. Forbes estaba en un serio compromiso ya que él también había recibido la información de la llegada de un *impi* matabele, de al menos 3 000 guerreros, tras apresar a un guerrero llamado Nyamanda, que se dirigían hasta su posición para atacarlo, por lo que si dividía su fuerza, y se producía un ataque en masa, perdería potencia de fuego. Ante ello solo le envió 20 jinetes más, todos voluntarios. Aunque Forbes lo hubiera intentado con un nutrido grupo de hombres montados, el río Shangani había crecido tanto en las últimas horas, como consecuencia de las lluvias del día anterior, que les hubiera costado vadearlo con los carros que llevaban las ametralladoras, incluso desmontadas, y además es posible que no hubieran llegado a tiempo ya que los vagones les habrían retrasado la marcha nocturna. Solo había una opción para Wilson, enviar el mayor número posible de hombres montados, y Forbes envió muy pocos. La suerte de la patrulla, por tanto, estaba decidida.

Lo que ocurrió el 4 de diciembre de 1893 adquirió en su momento una dimensión épica y solamente se puede reconstruir parcialmente a través de algunos de los testimonios de los guerreros matabele que los mataron, y de aquellos que estuvieron al principio de la lucha como el explorador Frederick Russell Burnham, quien antes de partir en busca de refuerzos tuvo que regresar para encontrar a tres hombres de la patrulla que se habían perdido durante la noche, siguiendo las huellas de sus ponis en medio de la oscuridad, encontrándolos y regresando con ellos hasta donde estaba Wilson, un hecho sin duda extraordinario y que dice mucho de su valor y cualidades para seguir el rastro en las condiciones más difíciles.

Los regimientos matabele presentes sabían que estaban siendo perseguidos y habían decidido acabar con los exploradores blancos, aparentemente en contra de la voluntad del rey que no quería más lucha, y que les acosaban desde varios días atrás. Dividiéndose en los cuernos del búfalo, y siendo reforzados por varios centenares de guerreros que habían sobrevivido a la batalla del día 2 de noviembre y que estaban acampados en un *kraal* cercano, todavía lamiendo sus heridas, se dispusieron a rodearles y permanecieron después en el más absoluto silencio. Las órdenes que todos ellos recibieron eran claras: no atacar hasta que recibieran la orden.

LOS MATABELE ATACAN

Posiblemente como le había ocurrido a Custer en 1876, en la batalla de Little Big Horn contra sioux y cheyenne, la gloria de una victoria cegó el entendimiento de Wilson y, cuando probablemente se dio cuenta de su fatal error, ya era demasiado tarde para intentar rectificar. El mayor ignoraba que sus movimientos habían sido en todo momento controlados por *izinholi* (exploradores) quienes habían comunicado al *induna* Mtshane, antes del despliegue, que los hombres a caballo habían acampado en una zona arbolada. Algunos sugirieron atacar cuanto antes por miedo a que escaparan, pero cuando Mtshane supo la noticia dijo al resto de los guerreros:

> Conozco a los hombres blancos y sé que estarán aquí muy temprano por la mañana. Levantaos y preparaos.

Nadie pudo dormir esa noche. Ni hombres negros ni blancos. En el caso de Wilson no se encendió ningún fuego para no delatar su presencia, los hombres hablaban en voz muy baja, manteniendo los caballos sin desensillar y, aunque sentados o alargados en el suelo, con las riendas cogidas. A media noche llovió helando aún más a los valientes. Hombres y caballos estaban hambrientos y agotados, especialmente los animales que llevaban veinte horas sin descanso.

A media noche la lluvia perdió intensidad y todos estaban en profundo silencio, solo roto de vez en cuando por la voz de Wilson que hablaba en voz bajísima para tranquilizar a sus hombres. Pronto se hizo evidente que estaban siendo rodeados por los guerreros. Burnham lo contó así:

> Durante la noche podíamos oír a los nativos cómo avanzaban entre los arbustos que estaban entre nosotros y el río. Oíamos las ramas cuando las atravesaban. Pasado un tiempo Wilson me preguntó si podía acercarme un poco alrededor de nuestra posición y averiguar lo que los negros estaban haciendo. Siempre he pensado que él escuchó algo, aunque no quiso decirlo. Me arrastré fuera y hacia nuestra derecha escuché un buen número de pisadas y ramas rotas. Conseguí estar tan cerca de ellos que hubiera podido tocarlos cuando pasaban, pero era imposible decir cuántos había, todo estaba muy oscuro. Informé de esto a Wilson... él hizo el comentario de que si la columna no aparecía antes del amanecer, nosotros estaríamos

El mayor Allan Wilson dispara su revólver en los últimos minutos de la batalla. Esta acción convirtió a los 31 hombres que murieron en héroes en todo el Imperio británico y en muchos aspectos fue una copia de Little Big Horn.

en medio de un serio problema. Para entonces creo que era ya la una de la madrugada del 4 de diciembre.

Durante las siguientes horas solo oyeron el sonido producido por las gotas de lluvia que golpeaban las hojas y el lejano ladrido de un perro en mitad de la noche. El primero en escuchar la llegada de caballos fue Burnham, que inmediatamente puso una de sus orejas en el suelo para confirmarlo y luego corrió para decírselo a Wilson...

Señor, la columna está aquí.

A las cuatro de la madrugada llegaron los refuerzos que habían tenido que esforzarse al máximo para cruzar el Shangani, y Wilson comprobó con resignación que solo se trataba de una veintena de valientes. El resto de los presentes también se desilusionaron profundamente:

> ... no venía la columna, ni las Maxim, simplemente 20 hombres bajo el capitán Borrow. Fue un momento terrible... Uno de nosotros preguntó ¿dónde está la columna? La contestación fue: solo lo que usted está viendo. El capitán Judd dijo a mi oído, bien, este es el fin. Kurten dijo en voz baja, nosotros nunca saldremos de esto.

Un oficial más prudente se hubiera retirado de inmediato, pero ese día la historia se iba a escribir con sangre, y ordenó al resto de los hombres ponerse en marcha y avanzar. Cuando todos ya estaban montados y apenas comenzaban a dar sus caballos los primeros pasos, un guerrero, que llevaba un tocado de plumas de avestruz sobre su cabeza, sin duda un *induna* de alto rango, posiblemente Mtshane, apareció de golpe y disparó sobre la patrulla. Inmediatamente surgieron miles de matabele. Espantado por los disparos el caballo de Burnham casi lo llevó hasta los guerreros, hasta que el americano consiguió controlarlo, pero:

> Un induna de gran altura me disparó, pero falló, y entonces buscó con su mano en la canana otro cartucho. No era una canana apropiada la que él tenía, y le vi intentar sacar el cartucho, en lugar de empujar desde abajo con el dedo, sacarlo por arriba. Conseguí controlar a mi caballo y saqué mi rifle para apuntar cuando de repente él se olvidó del cartucho y levantó una azagaya. Esperando asegurar mi objetivo aguanté el brazo en posición y disparé, le alcancé en el pecho y él cayó.

Finalmente Wilson intentó cabalgar de regreso al río pero un gran contingente matabele, el cuerno derecho del ataque, se lo impidió. Dos monturas fueron alcanzadas por los disparos de los guerreros y el mayor gritó que se recuperara la munición extra de 100 rondas que iban en una de las alforjas, montando después el capitán Ingram en la grupa de su caballo a uno de los jinetes derribados y el capitán Fitzgerald a otro. La mayoría de los hombres de Wilson llegaron primero hasta un gran termitero donde se mantuvieron por unos minutos. En medio de los disparos se escuchaba la voz del oficial:

> ¡Quiero que cada disparo alcance su objetivo!

Pronto los alrededores comenzaron a llenarse de escudos y cadáveres de guerreros por los suelos, y después de que cada hombre disparara una media de 20 veces, y de que más caballos fueran alcanzados, se retiraron con orden hasta una pequeña elevación arbolada donde iban a luchar hasta la muerte. Wilson pidió en medio de una pequeña pausa en la lucha que Burnham intentara escapar para pedir ayuda nuevamente. Burnham lo recordó así:

> Wilson se dirigió a mí y me preguntó si creía que podía apresurarme hacia la columna principal. Un explorador en un buen caballo podía tener una oportunidad de éxito, ya que en conjunto la patrulla no tendría ninguna opción. Era una esperanza loca, y pensé que era solo una pregunta, pero dije que lo intentaría, mientras le pedía que un hombre viniera conmigo. Un hombre llamado Gooding dijo que él estaba deseoso de acompañarme, y también escogí a Ingram porque nosotros habíamos estado juntos en muchas aventuras, y pensé que nosotros también podíamos vivir juntos esta última.

Milagrosamente los tres, Gooding, Ingram y Burnham, atravesaron la masa de hombres que les rodeaban sin ser atacados. Es posible que Wilson y otros hubieran podido también escapar en ese momento, pero eso significaba dejar a los heridos y a los que habían perdido su caballo en las manos del enemigo y claramente decidieron quedarse todos juntos, formando un pequeño círculo defensivo en el interior del bosque Mhopeni, un lugar con abundancia de árboles y matorrales de monte bajo[65], justo en el mismo sitio donde habían dormido la noche anterior. Antes de que Burnham desapareciera de su vista, Wilson le gritó:

> ¡Dígale a Forbes que venga inmediatamente, si no, estaremos perdidos!

Burnham había atravesado el primer anillo de guerreros, pero ahora tenía que enfrentarse a un nuevo problema:

> No habíamos recorrido quinientos pasos cuando descubrimos el cuerno izquierdo de un impi rodeando el río. Nosotros vimos a los comandantes, ellos nos vieron y dispararon.

Cabalgando en zigzag los tres hombres, que notaban como las balas pasaban silbando delante de ellos, o rompiendo una rama cercana por el impacto, continuaron avanzando ahora sin querer mirar atrás, aunque podían escuchar perfectamente al *enemigo*…

---

[65] Un ecosistema muy parecido al que se puede apreciar en el parque Kruger en Sudáfrica.

Como en la batalla de Little Big Horn, los caballos muertos y heridos se convirtieron en una improvisada barrera para balas y lanzas.

> ... les dejábamos atrás mientras nos disparaban continuamente. El peculiar sonido de un impi, como un largo ladrido, monótono y gruñendo, era muy fuerte en nuestros oídos, junto con el ruido que producen al tamborilear con su azagaya en los escudos de piel. Uno tiene que haber oído el sonido que produce un ejército como ese para intentar describirlo.

La nube de guerreros persiguió y buscó incansablemente a los tres hombres a caballo durante tres horas y media. Gracias a la pericia de Burnham, que aprovechó cualquier oportunidad del terreno para ocultarse, consiguieron llegar hasta el río Shangani y en un vado más arriba se arriesgaron a cruzarlo, algo que podía ser en ese momento más peligroso que una bala o una azagaya:

> Llegamos al río y nos pareció como un diluvio de doscientos pasos de ancho.... el río por la noche había crecido cuatro pies de alto por la lluvia. Nosotros no creíamos posible que nuestros caballos pudieran cruzarlo nadando, absolutamente agotados como estaban, pero no teníamos otra opción, simplemente teníamos que atravesarlo y nos decidimos a intentarlo. Con sus cabezas y las nuestras escasamente sobresaliendo por encima del agua, nadando y flotando, pasamos al otro lado. Quinientos pasos a nuestra izquierda estaban varios cientos de matabele. Nos miraron

fijamente, con una sorpresa absoluta, mientras supongo preguntándose si nosotros éramos del grupo anterior o nuevos refuerzos. En la desesperación nosotros pasamos nuestros caballos calladamente a lo largo, delante de ellos, no prestándoles atención. Nosotros habíamos recorrido un poco de distancia de esa manera, y nadie nos siguió detrás, por fin un hombre nos disparó; y muchos más comenzaron a dispararnos desde lejos... realizamos el último galope y en unos minutos estuve con mi silla de montar cerca de Forbes.

Forbes le preguntó dónde estaba el resto. Burnham respondió:

Señor, me temo que somos los únicos supervivientes de la patrulla.

EL DESTINO DE LA PATRULLA ESTÁ SELLADO

Forbes se quedó atónito. Ellos mismos también estaban luchando con miles de matabele y pidió a los tres valientes que no contaran nada a nadie, para no desmoralizar a los hombres, hasta que ellos hubieran terminado con la lucha que estaban manteniendo. A partir de ese momento, ya solo es posible reconstruir lo que ocurrió con Allan Wilson y los demás a través del testimonio de los matabele veteranos de la batalla, como es el caso de un guerrero llamado Mhlahlo:

Los rodeamos y comenzamos a luchar. Desmontaron de sus caballos y nos dispararon a cubierto de los mismos. Todos los caballos fueron matados, y luego los hombres blancos, aquellos que fueron abandonados, nos dispararon desde detrás de los caballos muertos. Después de que muchos de los hombres blancos fueran matados, algunos de los heridos se incorporaron con sus rifles y dispararon. Poco después el tiroteo cesó, y nosotros sabíamos que se les habían agotado las municiones. Entonces nos precipitamos con las azagayas sobre el resto, quienes cubrían sus ojos con las manos. Perdimos muchos más que el número de los hombres blancos, ya que eran hombres de verdad; y nos combatieron durante muchas horas.

Entre los mitos de esta batalla se cuenta que los últimos hombres blancos en morir lo hicieron cantando al unísono *Dios Salve a la Reina* después de despedirse estrechándose la mano. Ciertamente, los guerreros afirmaron que en los minutos finales les oyeron cantar, pero ninguno de ellos pudo identificar la canción, por lo que la imaginación popular de la Inglaterra victoriana quiso imaginar que fue precisamente esta canción. Del resto de la batalla en realidad lo poco que se conoce es que los primeros matabele en cargar contra ellos con sus *iklwas* fueron derribados de un disparo, por lo que el resto se limitó a rodearlos para evitar que escaparan y se produjo un intercambio de tiros que duró dos horas hasta que el último hombre cayó. En determinadas ocasiones guerreros bravos se incorporaban y cargaban contra ellos con sus azagayas, pero casi todos caían abatidos.

Mientras los hombres tuvieron municiones pudieron mantener a los guerreros a cierta distancia, colocando en el centro a los hombres que resultaban heridos para protegerles. Uno oficial recargó su revólver y anduvo hasta la masa de guerreros disparando su arma cuando una lanza le paró en seco. El propio Wilson, identificado por los guerreros porque fue el último hombre en morir, estaba de pie con un sombrero que tenía una de sus alas plegadas, y que según Burnham solo él y el mayor lo llevaban, se defendió dando culatazos con su Martini-Henry una vez que se quedó sin municiones. Luego permaneció quieto, en silencio, y de pie hasta que lo mataron.

También se sabe que algunos hombres, como también había ocurrido en Little Big Horn, mataron a sus propias monturas para intentar protegerse del fuego matabele, e incluso hay indicios de que al final de la batalla algún hombre pudo cometer suicidio disparándose con su propio revólver en la cabeza. El resto de los caballos cayeron por los disparos del enemigo. Las pérdidas de los matabele fueron aumentadas hasta casi las 600 bajas, para con ello dar mayor gloria a la hazaña, pero la realidad es que fueron alrededor de 200, incluyendo a muertos y heridos, una cifra, no obstante, muy alta y que igualmente demuestra la determinación en el combate por parte de Wilson y sus hombres. Según contó otro veterano matabele de la batalla, un hombre de pelo blanco intentó escapar del cerco, en los momentos finales de la lucha, corriendo todo lo que podía hasta que fue alcanzado por un disparo en la cadera. Sus últimos momentos con vida lo hizo defendiéndose desde el suelo con su revólver hasta que, agotada su munición, fue rodeado y muerto[66]. Ingram, cinco años más tarde, contó por qué aquellos hombres al principio de la lucha aun teniendo alguna posibilidad de escapar se negaron a hacerlo:

---

[66] Cuando se visitó el campo de batalla se encontró que el cuerpo de uno de los defensores estaba alejado del círculo de cadáveres unos 50 metros más adelante, y pudo ser identificado. Era A. Hay Robertson, todavía con una parte de sus cabellos grises.

La auténtica historia de *Las minas del rey Salomón*

Un *induna* dando órdenes para la batalla.

No era la clase de hombres que abandonan a sus compañeros.

Otro matabele, pariente del rey, Natabeni Khumalo, contó cómo fue la muerte del último hombre del grupo, que aún sostenía su rifle en sus manos como si fuera un garrote:

> Había uno de los hombres blancos que nunca se puso a cubierto (Wilson). Él estaba de pie todo el tiempo.... Todos los otros estaban muertos y nosotros pensamos que él debía ser tomado prisionero, pero un grupo de jóvenes no pudieron resistir la tentación y le dispararon.

Otro guerrero, Mpazheni, dijo que varios hombres hicieron juntos una desesperada tentativa de retirarse hasta el río al principio de la lucha, pero ellos estaban allí para impedirlo, y no consiguieron separarse del resto, algo que coincide con lo descrito por Burnham. Cuando la lucha terminó algunos hombres todavía estaban con vida y cuando uno de ellos realizó un disparo los guerreros se retiraron prudentemente hasta que el hombre murió. Un *induna* prohibió que nadie tocara los cadáveres de los soldados blancos[67].

A la mañana siguiente Forbes intentó llegar hasta el lugar de la batalla, pero encontró imposible cruzar el río Shangani, entre otras cosas porque los matabele todavía estaban allí y les enviaron un pesado fuego que los frenó y cinco de sus hombres resultaron heridos. Forbes consideró que seguir intentando cruzar el río equivaldría a exponer a sus hombres en exceso y dio la orden de retirarse; los siguientes días, acompañados de fuertes aguaceros y victoriosos matabele que los perseguían, se convirtieron en un auténtico infierno.

El día 6 de diciembre mataron a uno de los pocos bueyes que les quedaban para alimentarse y al día siguiente se capturaron 20 ejemplares del ganado del rey, lo cual hizo aumentar la ira de sus perseguidores.

---

[67] La práctica de abrir o desmembrar los cadáveres, después de un combate, era muy popular entre las tribus de origen nguni. Inicialmente estaba pensado para permitir que el alma del difunto pudiera salir del cuerpo, pero en los últimos tiempos se había convertido más en un acto de puro salvajismo que en un ritual. Entre los zulúes y matabele no tocar un cadáver se considera un reconocimiento a un hombre valiente. Cuando el príncipe imperial Luis Eugenio Bonaparte murió en la guerra zulú su cuerpo presentaba hasta 18 heridas de lanza, todas frontales, pero no había sido desmembrado, un claro reconocimiento de que había luchado, y en sus propias palabras «como un león herido».

La auténtica historia de *Las minas del rey Salomón*

Un carro tira del arma decisiva de las dos guerras contra los matabele:
la ametralladora Maxim.

Mientras continuaban con su penosa retirada a Bulawayo, prácticamente sin caballos, y llevando un grupo de hombres una de la Maxim a cuestas, fueron emboscados el 13 de diciembre, donde un hombre resultó herido y otro murió, también se perdieron varios de los pocos caballos que les quedaban y parte del ganado matabele capturado fue recuperado por los guerreros, privando con ello a las maltrechas fuerzas de Forbes de su única vía de alimento.

La ametralladora, cuyo fuego era dirigido por el capitán Howard y manipulada por los sargentos Pyke y Wagstaaf de la policía montada, resultó una vez más decisiva para romper la concentración de los guerreros. El sargento Pyke recibió un tiro en el hombro y más tarde se le tuvo que amputar el brazo. Dos días más tarde la ametralladora volvió a entrar en acción dispersando al *impi* que no cejaba en su persecución, pero el sargento Gibson que disparaba con una de ellas fue severamente herido. Otra de las bajas se produjo cuando los restos de la maltrecha columna de Forbes alcanzaron Bulawayo y tres días más tarde un hombre se puso muy enfermo. Resultó ser el mayor Raff, quien a pesar de las numerosas atenciones médicas que recibió murió por un *shock* séptico y otras complicaciones en el hospital de campaña instalado en las ruinas de Bulawayo el 26 de enero de 1884 (algunas fuentes sugieren que él podía estar padeciendo de alguna enfermedad no detectada con anterioridad que complicó la situación).

LOS SUPERVIVIENTES REGRESAN EXHAUSTOS

Lo cierto es que de la columna que había salido de Bulawayo para capturar al rey, el regreso de «sus restos» sobrecogió a más de uno, al comprobar el lamentable estado de los supervivientes, la gran mayoría sin caballo, con sus ropas hechas andrajos, con tan solo dos carros; algunos hombres estaban tan agotados que apenas tenían fuerzas para mantenerse en pie. Las bajas habían sido importantes y un gran dolor había caído sobre todos sus corazones, pero también era muy evidente que la guerra había sido ganada mucho más rápidamente de lo esperado.

Para levantar la moral de las tropas el 23 de diciembre de 1893, y ante el mismo Cecil Rhodes, se realizó una gran parada militar desfilando en Bulawayo todas las fuerzas que participaban en la campaña. Cuando esta terminó Rhodes les dirigió unas palabras de agradecimiento, por las muchas dificultades a las que ellos se habían enfrentado superándolas. Ahora, los que quisieran quedarse y colonizar aquella rica tierra tenían derecho, y los que prefirieran marcharse sabrían que las puertas estarían siempre abiertas para hombres valientes y resolutivos. El 20 de enero de 1894 los hombres que habían formado parte de la columna Victoria llegaron a Salisbury, y dos días más tarde la de Forbes, la primera ahora bajo el mando del capitán Spreckley y la segunda por el teniente Beale. La columna Tuli salió el 24 de diciembre con los hombres de la policía de Bechuanaland y otros voluntarios que se marcharon a Johannesburgo con el capitán Carr. En Matabeleland se formó un cuerpo de policía nativa, compuesta de 150 individuos, supuestamente aliados, bajo el mando directo del teniente Bodle.

Ahora solo quedaba dar un entierro decente a los restos de Wilson y sus hombres y, cuando a principios de enero los cuerpos de la patrulla del río Shangani fueron descubiertos por James Dawson, se supo que los cadáveres no habían sido mutilados, confirmando con ello el testimonio de Mpazheni. Los árboles de alrededor habían perdido prácticamente toda la corteza por el impacto de las balas, pero no fue la única sorpresa. A raíz de varios testimonios de guerreros que habían estado en la lucha se supo que, para alcanzar la paz con los británicos, y como un gesto de buena voluntad, Lobengula había estado dispuesto a reconocer su derrota y también por segunda vez manifestaba sus deseos de llegar a un acuerdo negociado, pero antes quería saber dónde estaban seis de sus mensajeros, los cuales desde que había comenzado la invasión de las dos columnas habían salido de su presencia con ofrecimientos de paz y nunca más habían regresado. Por otra parte pedía que no se siguieran destruyendo los poblados matabele, ya que entonces no tendrían donde vivir. Con un generoso presente en monedas de oro, valoradas en más de 1 000 libras de la época, envió a John Jacobs, escoltado por dos de sus más bravos guerreros, Begani y Sihuluhulu, los cuales encontraron a dos hombres blancos cerca del río Shangani, el día antes de la batalla del mismo nombre, a quienes pidieron que entregaran el mensaje de Lobengula y el saco con soberanos de oro a Jameson. Además de lo anteriormente citado había unas palabras extras para Jameson, de parte del rey, las cuales entendería de inmediato: «Coja usted esto. Ya he sido conquistado».

Tras investigar en profundidad los hechos, y por la descripción del día y lugar donde los mensajeros decían que habían encontrado a los dos jinetes blancos, estos últimos resultaron llamarse Wilson (no confundir con el mayor Wilson) y Daniels. Cuando ambos fueron arrestados negaron los hechos, pero, después de la confesión de uno de ellos, el otro también declaró que efectivamente se habían quedado con el «regalo» de Lobengula[68].

El juicio levantó gran expectación. Los dos fueron declarados culpables y condenados a catorce años de trabajos forzados, pero únicamente estuvieron dos años en prisión, pues no se les podía aplicar la ley. Primero, porque no se les consideró como soldados del Imperio, ya que tan solo eran mercenarios, hombres contratados para la guerra, y, por tanto, fuera de las leyes británicas cuya jurisdicción legal solo abarcaba las colonias de Natal y Ciudad del Cabo. Como consecuencia de esto el magistrado que los juzgó no tenía competencias en Rhodesia, pues esta todavía no había sido reconocida oficialmente como territorio de la Corona por parte del Parlamento británico, algo que no ocurrió hasta el 3 de mayo de 1895 aceptándose incluso el nombre de Rhodesia.

LA MUERTE DEL REY

El reino matabele había sellado su destino. La tarde antes de que Wilson y sus hombres pasaran a la eternidad, Lobengula, antes de huir nuevamente se dirigió a sus guerreros con una extraña mezcla de ironía, pesimismo y advertencia:

> Vosotros habéis dicho que yo soy quien os mató, ahora están aquí los verdaderos maestros de este asunto. Habéis desobedecido mis órdenes y ahora me habéis puesto en esta difícil situación. Queréis que sea atrapado

---

[68] Otra versión del descubrimiento del oro no fue por la confesión de estos hombres, sino porque «accidentalmente» otro hombre de la columna descubrió por casualidad que ambos hombres portaban una cantidad grande de oro. Cuando les preguntaron de dónde lo habían sacado argumentaron que de transacciones comerciales por la venta de terrenos, pero nadie les creyó.

> por los hombres blancos, pero los hombres blancos nunca me cogerán. Me tiraré desde un acantilado. Ahora comprobaréis esto. Tendréis que tirar y empujar carros, pero bajo mis órdenes vuestro rey nunca os obligó a tal cosa. Todas mis propiedades serán cogidas por ellos. Podéis llevaros mi ganado, pero la gente blanca os lo arrebatará. Debéis estar contentos porque vuestros futuros amos ya están aquí. La gente blanca ya se aproxima. No quise luchar con ellos... ¡oh, Lotsche[69], cómo me acuerdo de tus palabras!

En enero de 1894 Lobengula murió muy cerca del río Zambeze, algunos creen que de viruela y otras fuentes (las más fidedignas) afirman que pudo él mismo suicidarse tomando veneno, incluso hay quien cree que fue por culpa de la fiebre y hasta incluso por un ataque de gota. Sus últimos guerreros le abandonaron, apenas quedaban con él un puñado de los supervivientes del regimiento *mNbezu,* y había llegado hasta allí con varias de sus mujeres, algunos de sus hijos y uno de sus principales consejeros. El poco ganado que le acompañaba casi había desaparecido por culpa de la enfermedad, incluso las mulas que tiraban de su carro estaban muertas. Como se hacía con los grandes reyes de sangre zulú, se mató un buey negro y fue envuelto en su piel y colocado en el interior de un cueva en posición sentada[70]. En 1943 un veterano del *ibutho Mnbezu* y de la guardia del rey, Siyatsha, describió las horas finales de Lobengula, el último rey africano que se había enfrentado al hombre blanco, y había fracasado como antes ocurrió con los tonga, xhosa, pedis y zulúes:

> Por casualidad oí como el rey hablaba con el induna Magwegwe. Él preguntó ¿te acuerdas de tus palabras? Magwegwe contestó ¡sí rey! El rey de nuevo le dijo lo que significaban sus palabras. La contestación fue: cuando usted se muera, beberé yo. En cuanto se pronunciaron estas palabras el rey tomó una botella pequeña y bebió algo de su contenido. Magwegwe recogió la botella e hizo igualmente. Tras pasar tres o cuatro horas el rey y Magwegwe murieron.

Lobengula tenía cinco hijos varones, pero ninguno de ellos pudo continuar con su dinastía, ya que el mayor de todos murió poco después, a los diecinueve años, por culpa de una enfermedad en los pulmones[71]. La mejor tierra matabele fue dada a nuevos colonos y una

---

[69] El *induna* ajusticiado por Lobengula tras advertirle que si llegaba a un acuerdo con el hombre blanco el reino desaparecería junto a su actual forma de vida.
[70] Su tumba y sus restos fueron descubiertos en 1946.
[71] Uno de sus hijos llegó a vivir hasta 1960.

gran cantidad de su ganado confiscada. A diferencia de lo que ocurrió con los zulúes, que también fueron severamente derrotados aunque perdieron su independencia, mantuvieron la monarquía (la cual todavía hoy permanece). Durante un tiempo Rhodes se hizo cargo de varios de los hijos más pequeños del rey, por petición del propio Lobengula, pero ninguno de ellos consiguió restaurar la monarquía y cuando Rhodes murió sus posibles privilegios desaparecieron con él. El resto de sus hijos y familiares terminaron integrados en el nuevo sistema. La mayoría se convirtió al cristianismo y otros emigraron a países cercanos.

Con la muerte de Lobengula la campaña había terminado para los blancos, pero al año siguiente las desgracias de los matabele aumentaron. Los shonas se envalentonaron con la derrota de sus odiados enemigos ante la falta de un líder que ahora los uniera y les diera la identidad que antes tenían, y varios pequeños poblados del norte fueron atacados y completamente destruidos. Para complicar aún más las cosas, 1895 fue un año en el que una inmensa sequía y varias plagas de langosta arrasaron las cosechas y los pastos, y el poco ganado matabele que les quedaba sufrió terriblemente. En teoría, de todo el ganado que había en el país, el 55% tenía que ser para los nativos marcándose con una gran *N* mayúscula para diferenciarlo del resto, pero la realidad era que de las más de 200 000 cabezas de ganado existentes solo el 10% llevaba la marca que colocaban los comisionados nativos, quienes, en muchos casos, eran corruptos. Adicionalmente cada jefe tenía que entregar como compensación por la guerra de 100 a 150 reses cada mes y la situación se hizo insostenible para un pueblo cuya estructura giraba en torno al ganado, del que no solo sacaban su sustento diario, también los escudos y el pago para la dote de sus bodas. Por otra parte, existía un claro desprecio hacia el hombre negro y las leyes que estos tenían. En ocasiones algunos granjeros se negaron a pagar los servicios prestados y, cuando lo hacían, les daban menos de lo inicialmente acordado. Se estaban dando todos los ingredientes para una nueva rebelión, ahora solamente faltaba un líder que los uniera, y este no tardó en llegar.

Desde el sur del país matabele (ahora conocido con el nombre de su conquistador): Rhodesia, un *amawosani* (sacerdote) afirmó haber recibido un mensaje de los antepasados de Mlimo[72] en la cueva sagrada Zikambo, para que los matabele se levantaran y expulsaran al hombre blanco de sus tierras y a todos sus servidores nativos. A pesar de que más de 1 000 guerreros habían muerto en combate, la inmensa mayoría del ejército matabele permanecía intacto y tantos como 300 Martini-Henry habían sido escondidos y, sobre todo, el odio y los deseos de venganza hacia los blancos se los estaban comiendo en vida después de que les hubieran robado su tierra junto a decenas de miles de cabezas de ganado. Por otra parte conocían que la cabalgada de Jameson en el Transvaal había sido un rotundo fracaso militar y 500 hombres, veteranos de la guerra anterior, estaban ahora fuera del país. Solamente se respetó no atacar la zona sur del territorio para dejar con ello una puerta abierta para que los colonos llenos de pánico huyeran, pero con ello también se daba la opción de recibir ayuda; como así fue. El primer ataque se produciría sobre Bulawayo que una vez tomado sería incendiado, entonces se volvería a construir la antigua capital de chozas y se coronaría a uno de los hijos con vida de Lobengula. La idea inicial era esperar al cambio de luna que iba a producirse el 29 de marzo, que se suponía que sería *espiritualmente* más favorable a sus intereses, pero no contaron con que este grupo de jóvenes exaltados no estaba dispuesto a esperar más tiempo.

El 20 de marzo de 1896 se produjo la primera víctima, un policía nativo fue atacado y muerto. Una pequeña partida de guerra, dirigida por un *induna* muy agresivo y fuertemente armado, cruzó sin ser visto el vado del río Umsingwani. La intención era matar a los 8 policías nativos que guardaban el cruce, pero el vigía pudo disparar un tiro de alerta y los demás escaparon, aunque él no tuvo tanta suerte. Acababa de comenzar la Segunda Guerra Matabele.

---

[72] Sorprendentemente, y por culpa de libros antiguos sobre las guerras matabele, como el Baden Powell, muchos historiadores han identificado a Mlimo como una persona, el gran profeta y sacerdote que lideró el levantamiento de los matabele, un error que hoy todavía continúa produciéndose en alguna ocasión. En realidad Mlimo nunca existió, solo era una deidad de los shonas que los matabele habían absorbido dentro de sus prácticas espirituales. La primera vez que un hombre blanco escuchó este nombre fue el misionero Robert Moffat a finales de la década de los años treinta, notando con ello la influencia que los tswana y shonas estaban ejerciendo entre los matabele. Lo que verdaderamente ocurrió fue que los grandes líderes «espirituales» de la rebelión afirmaron hablar por revelación en nombre de Mlimo. No es descartable que en el caso de los matabele su profeta se hiciera llamar a sí mismo Mlimo, pero es poco probable, aunque no hay duda de que muchos le llamaron así contribuyendo aún más a la confusión, su verdadero nombre es desconocido, pero se cree que pudo ser Mukwati (esto también puede ser una derivación de la deidad Mwari).

Capítulo VI
La masacre de los colonos

> El rey levantó su lanza. Enseguida veinte mil pies se alzaron, y en cadencia, con un sordo rumor, tres veces consecutivas hicieron retemblar el suelo. Hacia el fondo de la explanada, de las densas y negras filas de hombres, brotó en el aire un canto solitario, arrastrado, plañidero, infinitamente triste, terminando con este raro estribillo:
> ¿Qué suerte espera, en este mundo, a quien sobre él debió venir?
> Y los regimientos contestaban en masa, con voz unánimemente aterradora:
> ¡Morir!
>
> *Las minas del rey Salomón*

En 1896, en lo que había sido el antiguo *kraal* de Lobengula, se había levantado una moderna ciudad del hombre blanco. Se había mantenido el nombre de Bulawayo, pero las chozas de paja habían sido sustituidas por casas de madera y ladrillo cocido. Varias escuelas, el ayuntamiento, un banco, una docena de iglesias protestantes y una misión católica, junto a numerosos comercios, aparte de centenares de viviendas, albergaban una población de piel blanca que se acercaba a las 6 000 almas (de las que 2 000 eran mineros) y que ofrecía para ellos todas las comodidades de una ciudad europea. Se trataba de una típica ciudad colonial, tranquila, sin muchos sobresaltos, hasta que el 23 de marzo comenzaron a llegar hasta Bulawayo los primeros de las decenas y decenas de aterrorizados colonos que en los próximos días, con unas pocas de sus pertenencias y montados en carros, otros casi desnudos y a pie, llegaban hasta la ciudad contando que habían escapado de sus propiedades ante las atrocidades que varios *impis* matabele estaban realizando en el norte y este del territorio. Al conocerse las noticias de la rebelión, de la dotación de 150 hombres de origen matabele que componían la fuerza

Una imagen de los primeros colonos blancos asentados en Rhodesia. Decenas de ellos, incluyendo a mujeres y niños, serían asesinados cruelmente.

de la policía nativa de Matabeleland, 72 de ellos desertaron llevándose sus rifles Winchester con ellos.

Inmediatamente la ciudad fue convertida en un inmenso fortín. Se cavaron zanjas defensivas, se cerraron calles enteras con alambres de espinos, se levantaron barricadas con carros y sacos terreros y en varios lugares, estacas afiladas y cristales rotos (con un ancho de 27 metros en el frente) se añadieron a las defensas. Por si la ciudad caía se decidió levantar un álamo donde las mujeres y niños pudieran refugiarse en una última posición. Este consistió en una gigantesco *laager* con forma de cuadro de más de 500 carros y carretas en dos filas. La mayoría de las fuerzas de Rhodes (los mercenarios de la Compañía Británica de Sudáfrica) se habían involucrado en el fracasado *ride* de Jameson contra el Transvaal, y que fue el prefacio de la Segunda Guerra Anglo-Bóer. Pero todavía quedaban muchos hombres armados que se dispusieron a defender a sus familias junto a varias decenas de policías nativos, de entre los que no se habían pasado con sus armas a los rebeldes. En total se contabilizaron unas 370 armas de fuego de diferentes modelos y calibres.

La auténtica historia de *Las minas del rey Salomón*

Defensa nocturna del almacén de Cummings.

A pesar de que suponía un gran riesgo, un pequeño grupo de voluntarios a caballo, liderados por Maurice Raymond Gifford,[73] casi cada día salía para rescatar a familias que habían quedado aisladas en sus haciendas y para hostigar a los guerreros matabele que encontraban. El 26 de marzo, a varios kilómetros del río Iniza, varias familias (un total de 38 personas incluyendo a hombres, mujeres, niños y sirvientes) se habían juntado en la propiedad de un granjero y comerciante de nombre Cummings. Las siguientes horas iban a convertirse en una versión reducida de la celebre batalla de Rorke's Drit cuando el 22 de enero de 1879, tras la gran victoria zulú de Isandlwana, un *impi* zulú de algo más de 4 000 guerreros atacó durante diez horas la misión conocida con este nombre, en la frontera que separaba la colina de Natal con Zululandia.

---

[73] Gifford, nacido el 5 de mayo de 1856 en Gloucester, pertenecía a la aristocracia británica. Hijo del segundo barón Gifford, entró en la Marina hasta que en 1882 llegó a luchar en la guerra del Sudán. Posteriormente estuvo en Canadá hasta que llegó a África del Sur donde se convirtió en uno de los directivos de la compañía de Rhodes en Bechuanaland. Tras participar activamente en la Primera Guerra Matabele se quedó en el país.

ASALTO AL ALMACÉN DE CUMMINGS

El propio Cummings, acompañado de un minero de nombre Luke, llegó después de una agotadora marcha a pie por las montañas hasta Bulawayo para pedir ayuda urgente al administrador Duncan. Su propiedad se encontraba a una considerable distancia al este de Bulawayo, en el distrito de Insiza. Unos vecinos, el doctor Langford y su esposa, ya habían sido atacados y, tras una heroica resistencia, asesinados y sus propiedades incendiadas. Otros colonos, como los Blicks, se habían congregado todos en una casa y habían formado un pequeño *laager*. No obstante, sin ayuda, ellos no podrían sobrevivir a un gran ataque y, desde luego, mucho menos recorrer solos esa distancia tan considerable hasta Bulawayo con los lentos carros de bueyes que llevaban a las mujeres y los niños. Arthur Cummings contó cómo se enteró de los primeros compases de la rebelión:

> La primera evidencia que tuve sobre la rebelión de los nativos pasó de este modo. Había montado en bicicleta hacia el lugar donde estaba mi hacienda, aproximadamente a cuarenta y cinco millas de Bulawayo en el camino de Salisbury. Allí había dejado mi carro y los bueyes a cargo de un muchacho del Cabo. Al llegar allí, la primera cosa que llamó mi atención era que el muchacho estaba muerto, completamente mutilado y tirado justo fuera de la choza. Parece ser que cuando me fui a Bulawayo unos días antes, Fezella, un induna, y otros dos nativos pasaron por la hacienda y preguntaron a un joven matabele, a quién empleó para pastorear los bueyes, que había pasado con todos los hombres blancos. En respuesta, él les dijo que habían ido a Bulawayo y le preguntó qué era lo que querían. Dijeron que tenían diez chelines y deseaban comprar una manta. Preguntando después dónde estaba el muchacho del Cabo. Entonces él estaba abajo en el río, y sabiendo esto, le dijeron al joven que escapara porque iban a matar al muchacho. Sin embargo, en vez de hacer esto él fue hasta donde estaba el muchacho y le dijo lo que los nativos le habían dicho. Este le respondió que no se preocupara ya que no tenía miedo a morir. Él entonces se fue directamente a su choza, donde los tres nativos cayeron sobre él con palos y después de aporrearle lo abandonaron dándolo por muerto. Después, fueron al carro, y cogiendo mis tres armas se marcharon. Más tarde regresaron, y al encontrar que el muchacho había recuperado el conocimiento, le mutilaron con un hacha. A continuación saquearon todo lo que podían llevarse con sus manos y ahuyentaron a los bueyes. Estos hechos me fueron contados por el joven que fue testigo de todo ello. A la vista de cómo estaban las cosas, tomé la decisión de volver inmediatamente, y al alcanzar el almacén dos millas atrás del camino, envié la noticia por un corredor a mi hermano (quien estaba en una tienda abajo en Salisbury), también al comi-

sionado nativo Bentley[74] de aquel lugar, brevemente relatándole el asesinato y el saqueo. Apenas el mensajero nos había abandonado cuando un nativo llegó y nos contó que todos habían sido asesinados allí. Luke y yo comprendimos el peligro de cualquier demora, y puntualmente comenzamos a marchar a pie hasta Bulawayo. No teniendo ningún arma pensamos que sería más seguro dejar el camino y avanzar por las colinas. A las diez de aquella noche alcanzamos la hacienda de Irving Blicks, a una distancia de unas 22 millas de la ciudad. Comprobamos que todos estaban allí y nos pidieron que advirtiéramos a cuantos fuera posible de camino a la ciudad y contáramos lo sucedido a las autoridades.

Maurice Gifford partió al amanecer acompañado de dos docenas de hombres de la Policía Montada de Matabeleland, del capitán Southey y otros voluntarios. En el camino se encontraron con dos jóvenes mineros que marchaban a pie, uno con un rifle y otro con un revólver en sus manos, quienes informaron de otro ataque y de la presencia de un *impi* matabele que llevaba incluso ganado con ellos.

Gifford y la fuerza de auxilio llegó casi cuando estaba anocheciendo hasta la propiedad de Cummings. Inmediatamente Gifford descartó defenderse desde el *laager*, ya que una fuerza tan pequeña podía ser sobrepasada si se producía un ataque muy concentrado en un punto, y decidió luchar desde dentro de las casas.

La hacienda contaba con dos edificios; el primero era la casa de Cummings, la otra un gran almacén. Todo intento de retirarse esa misma noche a Bulawayo o escoltarlos fue descartado al conocer, por parte de uno de los centinelas a caballo, que un *impi* matabele estaba en camino y había una alta probabilidad de que fueran interceptados en campo abierto y aniquilados. Divididos entre los dos edificios estos fueron reforzados con colchones y muebles en las puertas y ventanas abriéndose aspilleras en las paredes de madera para poder defenderse. Solo contaban con 25 Martini-Henry, dos Winchester del modelo de 1873, cuatro escopetas del calibre 12 y no mucha munición. Si eran derrotados, el destino de todos ellos sería cruel (especialmente para las mujeres y los niños). El sábado 27 de marzo de 1896, a las cinco de la mañana, entre 300 y 400 guerreros rodearon la casa y el almacén y lanzaron varios ataques.

---

[74] Un *induna* de nombre Maduna contó al acabar la guerra que él quiso salvar la vida del comisionado Bentley. Ese mismo día Maduna envió a tres de sus hombres con un mensaje para que él se refugiara en su *kraal*. Si incluso él se negaba a venir ellos debían atarle y traerle a la fuerza, pero cuando llegaron Bentley ya había sido asesinado.

Servidores de una ametralladora en el *laager* de Bulawayo.

La sorpresa para los guerreros, liderados por el *induna* Msindazi, fue total, porque esperaban una presa fácil de conseguir (como estaba ocurriendo en la mayoría de las haciendas que estaban asaltando), pero en esta ocasión las cosas iban a ser muy distintas. Tras varias horas de asedio y cuando los defensores ya casi no tenían municiones, disponiéndose a luchar con las culatas de sus armas y cuchillos, el pequeño *impi* se retiró llevándose a sus heridos y varios de sus caídos con ellos y dejando 25 muertos sobre el terreno. Siete cadáveres de guerreros estaban en la misma puerta de la casa a los que habían matado cuando intentaban forzar la puerta principal para poder entrar. Los defensores tuvieron dos muertos, el sargento mayor de la Policía Montada O'Leary (un policía negro natural de los Estados Unidos) y seis heridos. A la mañana siguiente, desmontaron el *laager* y regresaron con los colonos a Bulawayo. Muchos fueron salvados ese día, pero no fueron los únicos. Durante las siguientes jornadas los valientes que lideraba Maurice Gifford rescataron a más de 200 personas en apenas dos semanas, aunque el coste para ellos también fue alto, ya que murieron o fueron heridos un total de 70 hombres. Entre ellos el propio Gifford después de que el 4 de abril fuera alcanzado por un disparo en un brazo que finalmente le tuvieron que amputar.

Durante la ausencia de Gifford una fuerza de más de 100 hombres a caballo del coronel William Napier había llegado hasta la ciudad con un carro que llevaba una ametralladora Maxim, e inmediatamente pasaron a la ofensiva. A lo largo de los siguientes días las escaramuzas aumentaron, pero los matabele que ya habían sufrido mucho en la guerra anterior bajo el fuego de las ametralladoras no se comprometían a un decidido ataque en masa, aunque hostigaban con un fuego constante a las patrullas. Aun así todavía seguían conociéndose nuevas atrocidades que los matabele estaban realizando con aquellos colonos que no habían podido refugiarse en Bulawayo o Mgwelo, y provocando con ello que muchos blancos respondieran al terror con más terror jurando venganza.

VIOLENCIA SALVAJE

Una carreta fue encontrada en un camino con todas sus mulas muertas, acribilladas a lanzazos y disparos, aunque el interior de la misma estaba llena de enseres personales y parecía que nada se había tocado. Después de buscar por los alrededores, se encontraron los restos de una familia de granjeros con sus hijos pequeños, esparcidos por el campo; los habían matado a todos. Las largas cabelleras rubias manchadas de sangre de las niñas fue una visión que muchos hombres maduros no pudieron soportar. En otra ocasión los cadáveres de una familia asesinada habían sido cuidadosamente trasladados al interior de la vivienda para no levantar sospechas y de esa manera atraer a otros miembros y acabar con ellos. Acabada la guerra se conocieron más casos. En esta ocasión, a través de los mismos que los mataron o contemplaron la escena, como fue el caso de una familia de origen alemán cuyo progenitor, un hombre corpulento, después de gastar todos los cartuchos de su escopeta, defendió a su familia con un hacha en la entrada de su casa, hasta que erizados de lanzas sucumbió.

Una anciana matabele contó mucho tiempo después de haber acabado la rebelión la historia de un joven muchacho de unos dieciséis

Tres *izinholi* matabele fueron apresados en las inmediaciones de Bulawayo
y tras lincharles les acusaron de ser espías y los colgaron.
Dejaron sus cuerpos allí durante varios días como una advertencia.

años (también de origen alemán) que causó un gran número de bajas al *impi* que atacó su granja. Sus padres, ambos ya de una cierta edad, habían montado una granja de ganado junto al río Shangani y tenían dos hijos. El mayor estaba fuera conduciendo un carro y el adolescente pastoreando el ganado en las inmediaciones del banco del río. El muchacho escuchó dos disparos y rápidamente corrió hacia su hogar tan solo para encontrar los cuerpos de sus padres asesinados. Desconocía por completo que hubiera un levantamiento general, pero tenía muy claro que aquellos que habían matado a sus padres no podían estar muy lejos. Cogiendo su Winchester y una canana salió para buscar a los asesinos. Tras localizar la retaguardia del *impi* que llevaba con ellos el fruto de su saqueo, se acercó todo lo que pudo sin ser descubierto e inmediatamente disparó. El primer tiro tumbó a un guerrero y, para cuando los demás quisieron reaccionar, el muchacho con enorme sangre fría y excelente puntería acertó nada menos que a doce más. Tan certero y cuidadoso era en sus disparos que los dispersó completamente. Cuando regresó a su hogar y estaba en el proceso de enterrar los cadáveres de sus progenitores, un matabele (que le había seguido) le mató traicioneramente por la espalda. Las noticias de su valiente ataque le hicieron ganarse el respeto de los matabele, que desde entonces dijeron que fue el colono blanco más valiente al que ellos se habían enfrentado, incluso le honraron llamándole *amabuthi* (guerrero).

En el almacén de Bellingwe las noticias de la rebelión llegaron el mismo día 26 de marzo a las 7.30 de la mañana, cuando el comisionado para los asuntos nativos de su distrito, G. Jackson, llegó con su caballo a galope tendido en estado de gran excitación. Tras sentarse por unos instantes y beber un sorbo de agua para recuperarse, todavía muy agitado, leyó a los hombres allí reunidos apresuradamente una nota que el adjunto comisionado de Inseza le había entregado a través de un corredor de la policía nativa:

> Señor lamento tener que relatarle que toda la familia Cunningham ha sido brutalmente asesinada, los Maddocks, y también el gerente de la mina de Nelly. Dos de sus mineros se escaparon por los pelos. Estos mineros nos han contado que aproximadamente treinta nativos entraron en su campamento de manera amistosa y entonces se abalanzaron sobre ellos con *knobkerries* y hachas de guerra. Esto ha ocurrido la noche pasada, entre las seis y las siete. Todos los europeos en esta parte del distrito se han concentrado aquí, ya que las cosas están muy serias con los nativos. Todos los habitantes del territorio han huido de sus *kraals,* probablemente porque temen que sean culpados de los asesinatos que han tenido lugar en su distrito. Es difícil saber si esto está siendo organizado de manera general por todo el país, aunque me temo que es el caso. No hemos recibido todavía ninguna comunicación de Bulawayo o Salisbury. Les aconsejo que ustedes vengan con el capitán Laing y consigan concentrar a todos los hombres en la tienda de Bellingwe hasta que podamos recibir alguna remota noticia. Esperamos a alguien de la ciudad a lo largo de la mañana. Uno de los asesinos ha recibido un disparo por la policía que envié detrás de ellos, encontrando por casualidad a cinco totalmente armados...
> Tengo el honor de ser su obediente servidor.
>
> P. Fynn.
> Comisionado de asuntos nativos.

Los hombres congregados en Bellingwe decidieron que era mejor montar un *laager* y esperar refuerzos y no aventurarse a salir campo abierto, sobre todo porque sospechaban que uno de los cabecillas de la rebelión en aquella zona era un sobrino de Lobengula, conocido por su carácter agresivo. Mientras carros y carretas reforzadas por sacos y cajas se unían a las defensas, un pequeño grupo de hombres, que sabía que la hacienda de los Cunningham se encontraba a unas 15 millas, cabalgó hasta allí por si encontraba algún superviviente. Uno de aquellos hombres narró lo que encontraron:

> … fui adelante con varios hombres para examinar los restos, y seguramente puedo decir que esto fue el espectáculo más desgarrador y nauseabundo. La familia Cunningham consistía en unos ancianos padre y madre, con un hijo y varias hijas adultas. El hijo era un hombre casado, y su esposa y los niños vivían con él. Fueron atacados a media noche del 24 de marzo, y la evidencia de sus asesinatos por los rebeldes era el trabajo realizado por las azagayas, *knobkerries* y hachas de guerra. Las casas, en las que la desafortunada familia había estado durmiendo, fueron incendiadas y hasta cierto punto el fuego había consumido los cuerpos. Era imposible distinguir a cualquiera de ellos. Solo podíamos hacernos una idea a juzgar por el tamaño de sus huesos si se trataban de adultos o niños. Era evidente que en una habitación una mujer y tres niños habían fallecido juntos, los niños claramente habían sido asesinados en los brazos de su madre… En dos habitaciones contiguas fueron encontrados los restos de probablemente dos hombres en una y dos mujeres en otra. Después fui informado por un prisionero de que una de las niñas, de aproximadamente siete años, había resultado indemne por algún medio desconocido, en la noche en que se cometieron los asesinatos. Bajó hasta los bancos del río Inseza, que se encontraba aproximadamente a quinientas yardas de distancia y, viviendo allí durante unos días, hasta que fue descubierta por unas mujeres nativas que habían ido a la casa de los Cunningham para llevarse el grano que allí crecía. Estas mujeres cogieron a la niña y, una de ellas, con un grado de crueldad que confío que difícilmente sea superable, puso la cabeza de la niña sobre una piedra grande con una mano y, con la otra, recogió otra piedra, con la cual, como un demonio infernal, rompió la cabeza de la niña. Regresé al *laager* realmente muy entristecido y pedí a los hombres que una vez hubieran desayunado, juntaran los restos de los cuerpos y, poniéndolos en una caja, los enterraran.

Una y otra vez las patrullas de socorro, desde todas las poblaciones, salían en el momento en que llegaban hasta ellos noticias de que una granja, un almacén de provisiones o una mina pudieran estar asediadas. Napier también se dirigió al distrito de Insiza en misión de rescate enfrentándose a un *impi* de más de 2 000 guerreros con el resultado de más de 100 guerreros muertos, mientras que en su lado se produjeron 28 bajas.

El capitán Pittendrigh fue otro de los que al frente de sus voluntarios cabalgaron para socorrer a unos mineros sitiados en las colinas Elibani, pero tuvieron que retirarse tras ser rodeados por un gran cuerpo matabele y más tarde comprobar que su salida había sido en vano; los cinco hombres habían sido finalmente asesinados. En otra ocasión, los cartuchos

La auténtica historia de *Las minas del rey Salomón*

Guerrero matabele con la distintiva capa de piel de oveja negra
que le identifica como un hombre bravo.

Empiezan a descubrirse las primeras víctimas civiles de la rebelión de 1896.

de dinamita empleados para las demoliciones permitieron que tres hombres pudieran contener a los matabele hasta que fueron rescatados.

A finales también de marzo, cundió el pánico durante la noche en Bulawayo ante el peligro de un gran ataque de un *impi*. La población civil, al escuchar un disparo de alarma, y con los nervios a flor de piel como consecuencia de las narraciones de los continuos hechos que se iban conociendo de los asaltos a las granjas y minas, corrieron por las calles del pueblo para buscar refugio. La confusión aumentó al sonar la corneta de la policía y, mientras mujeres y niños entraban en los *laagers,* los hombres que aún no tenían un rifle corrieron hacia la oficina del gobierno para que les entregaran uno. Tras repartirse los últimos fusiles y rifles que quedaban, poco a poco el orden fue restablecido y se comprobó que había sido una falsa alarma. Para evitar nuevas falsas alarmas que, como se había demostrado, podían llegar a ser tan peligrosas como un verdadero ataque, se decidió formalizar un protocolo de actuación que no dejara ninguna duda de que no había sido un tiro fortuito. Este consistió en tres disparos seguidos y la detonación de un cartucho de dinamita y, por si acaso, el *laager* principal fue reforzado añadiendo una segunda línea de alambre de espino a 40 pasos de los vagones. Luego se supo que durante la alarma nocturna, mientras las mujeres y los niños acudían a los refugios, varios hombres habían intentado entrar con ellos, en lugar de buscar un arma como estaban haciendo otros o acudir al lugar previamente marcado para la defensa del pueblo. El guardia que protegía la entrada completamente indignado por aquel espectáculo de cobardía llegó a desenfundar su revólver y hacer retroceder a los hombres amenazándoles con pegarles un tiro.

LOS HÉROES DE LA CONTIENDA

El 30 del mismo mes de 1896 el teniente Stephen Henderson de veintisiete años[75], perteneciente a los Voluntarios Montados de Rhodesia del capitán MacFarlane, vio como la montura de su compañero el soldado Celliers fue derribada por varios disparos de guerreros, al igual

---

[75] Ese día era precisamente su cumpleaños, una particular onomástica que nunca olvidaría.

Las mujeres y los niños entran al interior del *laager* de Bulawayo.

que el propio Celliers, quien recibió un balazo en la rodilla. El resto de la fuerza se tuvo que retirar por la presión del enemigo, pero Henderson, con la ayuda de su revólver, se negó a abandonar a Celliers y, totalmente solo, rescató en las narices de los guerreros a Celliers y con su caballo agotado y en territorio enemigo, escondiéndose durante el día y tratando que las partidas de enfurecidos matabele no les descubrieran, consiguió regresar a Bulawayo con su compañero herido después de recorrer 35 millas en dos días. Lamentablemente, su heroico gesto no consiguió salvar la vida de Celliers —por la pérdida de sangre— pero a Henderson se le concedió la Cruz Victoria.

La segunda Cruz Victoria de la guerra, en este caso a título póstumo, fue para el soldado inglés William Baxter de treinta años. El 22 de abril fueron emboscados, uno de sus compañeros también fue herido y su caballo muerto. Montando en la grupa al hombre herido cabalgaron perseguidos por una partida de guerreros, pero el caballo no tenía las suficientes fuerzas para llevar a ambos y Baxter desmontó dejando que su compañero herido escapara solo con su montura. Baxter continuó a pie y otro soldado de los exploradores de Bulawayo intentó rescatarle ahora a él, pero con tan mala fortuna que el estribo se rompió. A pesar de que Baxter continuó corriendo para intentar escapar, finalmente, fue alcanzado y le mataron (algunas fuentes sugieren que él pudo caer antes por un disparo).

LA VENGANZA DEL HOMBRE «CIVILIZADO»

El 25 de abril tres *izinholi*, que durante el reinado de Lobengula habían servido en el regimiento *mNbezu*, fueron descubiertos por un grupo de policías montados. Cuando estaban de patrulla los localizaron en las inmediaciones de Bulawayo y, tras apresarlos, los llevaron a la ciudad. Muchos creyeron que se trataba de espías que observaban los movimientos de entrada y salida de las fuerzas de socorro, para informar posteriormente de la mejor situación para lanzar un gran ataque sobre la ciudad. La tensión del momento, los nervios acumulados de los últimos días y, por qué ocultarlo, los deseos de venganza de muchos de los presentes, hicieron que se rompiera el cordón de seguridad que la policía había puesto a su alrededor mientras eran interrogados, y los tres fueron linchados casi hasta la muerte. Tras conseguir separar a la población disparando al aire, los tres fueron acusados formalmente de espías y llevados hasta un árbol cercano para ser ajusticiados. Con la soga que les iba a quitar la vida, ellos mismos fueron obligados a trepar al árbol, amarrar la cuerda en una de sus ramas, posteriormente ponérsela en el cuello y luego tirarse hacia el suelo. Tras varios días ahorcados, y cuando los cuerpos ya empezaban a mostrar signos de descomposición, los descolgaron y fueron enterrados. Este árbol, conocido desde entonces como «el árbol de los ahorcados» aún puede verse en la actual Bulawayo y es mostrado como una señal de que la pretendida superioridad moral del hombre blanco es mentira.

A pesar del cerco al que fue sometido Bulawayo, la diligencia, convenientemente protegida, entró y salió en varias ocasiones de la ciudad.

EL FUNDADOR DE LOS *BOY SCOUTS* ENTRA EN ACCIÓN

Las noticias de la nueva rebelión matabele llegaron hasta Hércules Robinson, entre otras cosas porque a ningún guerrero se le ocurrió cortar el cable del telégrafo[76]. El nuevo gobernador del Cabo y alto comisionado para Sudáfrica (que había sustituido en el cargo a Rhodes que había dimitido por su directa implicación en el fallido *ride* de Jameson sobre el Transvaal) inmediatamente movilizó tropas para auxiliar a los colonos y mineros. Entre ellos se encontraba el fundador de los *boy scouts*[77], el ahora teniente coronel Baden Powell, que ya había

---

[76] La línea telegráfica estaba operativa desde el 3 de diciembre de 1890 con una primera conexión con la ciudad de Mafeking a 630 millas, desde Fuerte Victoria; de allí a Kimberley completando el recorrido el 16 de febrero de 1892 y finalmente llegando a Ciudad del Cabo atravesando un total de 80 puestos telegráficos.

[77] El día después de su llegada a Bulawayo había intercambiado su sombrero por un peculiar gorro que tenía uno de los mercenarios de Rhodes, Colenbrander, y desde entonces este modelo fue el que Baden Powell llevó siempre y popularizó después entre

tenido experiencia en las guerras nativas al combatir contra los zulúes en 1887,[78] después de que el hijo de Cetshwayo, Dinizulu, se levantara en armas ante la opresión de los bóers. Las tropas coloniales, incluyendo a los mercenarios, y las imperiales compuestas de varios escuadrones del 13º y 7º de húsares e infantería montada en número de 200 jinetes del teniente coronel Alderson, quienes quedarían bajo el mando único del recientemente ascendido a general Frederick Carrington,[79] de cincuenta y dos años, tomando posesión de las fuerzas el 31 de mayo de 1896. Pero las tropas imperiales no llegaron hasta el 27 de julio de 1896, cuando la guerra matabele estaba ya prácticamente terminada, y entonces participaron en apagar los focos abiertos de los shonas.

El aviso para incorporarse a la campaña matabele le llegó a Baden Powell cuando él se encontraba en ese momento en Irlanda, el 28 de abril, en el cuartel general del 13º de húsares. La oportunidad de regresar otra vez a África fue descrita por él como «un regocijo indescriptible». El 19 de mayo desembarcó en Ciudad del Cabo y el mismo día montó en un tren que recorrió casi 1 500 km a Johannesburgo. Allí continuó el viaje en carro tirado por mulas hasta su llegada a Bulawayo el 3 de junio de 1896.

Mientras las tropas imperiales de Carrington y Baden Powell se dirigían al territorio matabele, el 20 de abril otra patrulla tuvo un serio enfrentamiento a poca distancia de Bulawayo con el *impi* más grande visto hasta entonces y compuesto por ocho o diez mil guerreros, y la alarma cundió en la ciudad ante la inminencia de un ataque. Mientras las mujeres y los niños se escondieron, los hombres se distribuyeron en las barricadas y el *laager* para luchar, pero finalmente el ataque no se produjo a pesar de que los guerreros se posicionaron en tres lados. El 25 de abril la mayoría de los hombres de Bulawayo que tenían un caballo, junto a los 70 hombres de la policía nativa matabele que habían permanecidos fieles, pasaron a la ofensiva bajo el mando del comisionado

---

«los chicos exploradores» convirtiéndolo en uno de sus iconos. Más tarde el ejército de tierra de los Estados Unidos, a finales del siglo XIX, también adoptó este sombrero.

[78] La última vez que los soldados británicos llevaron a la guerra su distintiva chaqueta roja.

[79] Carrington había estado con anterioridad como coronel al mando de la PBB (Policía Británica de Fronteras en Bechuanaland), creada el 4 de agosto de 1885.

Baden Powell durante la Segunda Guerra Matabele. Por entonces su notoriedad todavía no había llegado, aunque el asedio de Mafeking, donde se distinguió en su defensa, le dio la gloria que tanto estaba buscando.

Natal Taylor, llevándose con ellos la ametralladora Maxim. Ese mismo día tuvo lugar el mayor enfrentamiento hasta el momento; los matabele realizaron varias y valientes cargas en las que caían por montones ante el fuego de fusilería y la ametralladora, a la que intentaron silenciar en varias ocasiones amontonando los cadáveres en su radio de acción.

A finales de abril supieron por varios mensajeros que varias columnas de socorro se dirigían a Bulawayo. Esto último permitió que algunos se relajaran y no se pudo impedir que el 28 del mismo mes un grupo de trabajadores inmigrantes de origen chino, que estaban trabajando en un campo de verduras, fueran sorprendidos por los matabele y nos les dieran la opción de poder regresar a Bulawayo.

El 11 de mayo desde Bulawayo salió otra columna compuesta por 655 hombres, incluyendo a oficiales, para encontrarse con las tropas que avanzaban desde Salisbury y en las que había una pieza de artillería de siete libras junto a tres ametralladoras de diferentes modelos. Además estaba presente una mezcla de unidades coloniales y nativas como los exploradores de Grey, la caballería de Gifford, los hombres de Selous, etc., todos ellos bajo el mando único del coronel William Napier. El mismo día que esta fuerza salió de Bulawayo se produjo la llegada de Cecil Rhodes a Salisbury, donde había sido recibido en olor de multitudes, y se unió a la lucha junto a 589 hombres armados y teniendo dos serios enfrentamientos con los guerreros que quisieron interceptarle, llegando a Bulawayo dos días después de los combates. Para ganar tiempo en su viaje había atravesado primero el canal de Suez y luego navegó hasta Mozambique. Las tropas enviadas desde Mafeking, que tenían un recorrido mucho menor, llegaron trece días más tarde.

Las fuerzas de Rhodes se encontraron con las de Napier el 20 de mayo y la estrategia de Rhodes fue la guerra total; por donde avanzaba con sus tropas el ganado matabele era disparado, las cosechas destruidas y los poblados incendiados. Esto tuvo cierto resultado, ya que centenares de guerreros abandonaron sus *impis* para regresar a sus hogares y proteger a sus propias familias. El propio Rhodes se había expuesto en varias ocasiones al encabezar la lucha y al entrar en Bulawayo la ciudad entera salió a recibirle como a su libertador. El coronel Charles Beal junto a sus hombres, que acompañó a Rhodes, volvieron a Salisbury a mediados de junio.

EL ASESINATO DEL LÍDER DE LA REBELIÓN

Cuando Baden Powell llegó como oficial de personal, inmediatamente se hizo cargo de los exploradores. Varios días después, y tras recibir información del servicio de inteligencia, dio instrucciones a un grupo de 50 jinetes para que investigaran una pequeña cueva, en las colinas de Matopo y concretamente en la montaña iNjelele (la colina de los lados resbaladizos) donde se suponía que el principal *amawosani* (profeta) de Mlimo y cabecilla de la revuelta matabele se escondía. Los guías Bonar Armstrong y Frederick Russell Burnham se enteraron de sus planes y se ofrecieron voluntarios para la misión, convenciendo a Baden Powell de que era mucho mejor un pequeño golpe de comando protagonizado por ellos. La apuesta era arriesgada, pero al caer el sol del día 12 de junio se pusieron en marcha. Al amanecer del día 13 se ocultaron en un bosque donde estuvieron nuevamente hasta la puesta de sol, y a las cinco de la mañana del 14 de junio Armstrong y Burnham, una vez localizado el poblado, esperaron a tener la oportunidad de arrestar al hechicero, pero dándose cuenta de que esa opción era más arriesgada decidieron matarle en cuanto pudieran. El objetivo fue identificado cuando salía de una cueva cercana un hombre corpulento de unos sesenta años[80], y puesto que Burnham era el mejor tirador de los dos decidieron no seguir esperando y que disparara. El tiro alcanzó de pleno al profeta en el corazón que cayó inmediatamente muerto al suelo. Las balas que se volverían agua, como supuestamente Mlimo había dicho a través de sus voceros, en esta ocasión, como en todos las demás, eran de plomo y su magia no pudo evitar la muerte de su profeta. Además del eco del disparo, dos mujeres que venían de un arroyo cercano vieron los dos caballos de Armstrong y Burnham atados a un matorral y dieron la voz de alarma. Los dos hombres montaron en sus caballos mientras eran perseguidos por un *impi* de más de 1 000

---

[80] Burnham lo describió después como un hombre de piel muy oscura, alto, y, cuando los ojos de ambos hombres se encontraron, el americano dijo que estos eran particularmente crueles. La única verdad es que había sido un asesinato en toda regla, que el profeta estaba completamente desarmado y además absorto en un baile ritual sin ninguna posibilidad de defenderse. Es muy probable que Burnham ni siquiera esperara a que se girara para dispararle de frente y ni mucho menos que dedicara un tiempo a mirarle a los ojos.

La auténtica historia de *Las minas del rey Salomón*

Frederick Russell Burnham y Bonar Armstrong cabalgan para escapar, tras asesinar al profeta de Mlimo mientras son perseguidos por decenas de enfurecidos guerreros.

guerreros que no consiguieron darles alcance, pero que corrieron tras ellos sorprendentemente durante dos horas.

El oráculo de Mlimo estaba muerto, pero la noticia aún no era conocida por la mayoría de los matabele que continuaron su levantamiento. El 29 de junio cuando un poblado era atacado, un tremendo cuerpo a cuerpo ocurrió y fue el día en que más bajas se contabilizaron entre las fuerzas montadas, con dos docenas de hombres muertos o heridos, lo que envalentonó al resto de los matabele que pensaron que aún tenían una posibilidad de victoria. Los enfrentamientos con los nativos, como ya antes había comprobado en la Segunda Guerra Zulú de 1886-1887, podían ser de una crueldad extrema, incluso entre los blancos:

> ... en ese momento observé sobre una extensión abierta del terreno, aproximadamente a unas ochenta yardas de distancia delante de mí a un guerrero con un Martini-Henry. Él me vio y se apoyó en su rodilla apuntando sobre mí. Me sentí tan indignado que monté en mi caballo y galopé hacia él tan rápido como podía; él apuntó lo que me pareció una hora y fue un alivio cuando por fin disparó, a la distancia de unas 10 yardas, y todavía más aliviado cuando comprobé que limpiamente había fallado. Entonces él se levantó del suelo y se dio la vuelta para correr, pero no había ido dos pasos cuando él fue abatido por alguien que le había pegado un tiro por atrás, entonces cayó de cabeza volando por encima de sus talones y él se cayó de golpe golpeándose la cara, disparado por uno de los hombres detrás de mí. Fui a ayudar a dos hombres que luchaban con un cafre al pie de un árbol, pero lo mataron antes de que yo llegara. Estaba debajo del árbol cuando algo que se movía sobre mi cabeza llamó mi atención. Esto era el cañón de un arma que apuntaba abajo hacia mí, el arma estaban tan pegada al árbol que parecía una rama del mismo. Antes de que pudiera moverme él disparó y justo dio en la tierra entre mis pies. Él no permaneció mucho tiempo en el árbol. Tengo su Knbekerrie. Encontramos que, aparte de pequeños rasguños y contusiones, nosotros solo teníamos cuatro hombres mal heridos. Un pobrecito tenía su muslo roto por una bala procedente de un arma de cazar elefantes, y él murió después. Otro tenía dos balas en su espalda. Cuatro caballos habían muerto. Pero el golpe dado al enemigo era más importante. Un prisionero nos dijo que el *impi* estaba compuesto por hombres escogidos de todos los regimientos de las fuerzas de los rebeldes, y que un gran número de jefes estaban presentes. Meses después supimos por refugiados y presos que esto era cierto, y que no menos de quince hombres importantes habían sido matados, así como más de doscientos de sus hombres. Desde luego esto era una lucha muy desigual, y esto puede parecer bastante brutal a quien leyendo esto vea la sangre fría de cómo los cazábamos sin darles ninguna posibilidad, pero deben recordar que nosotros estábamos solo 250 contra al menos 1 200. *Lord* Wolseley dice: «cuando usted consigue poner a los negros en fuga, persígales sobre el terreno», era nuestra única posibilidad de llevar a la guerra a un rápido final, y nosotros cada vez que teníamos esta oportuni-

dad golpeábamos con fuerza, porque cualquier vacilación o generosidad era interpretada por ellos como un signo de debilidad, e inmediatamente se restauraba su coraje y confianza. Encontramos que el hombre herido había sido ahorcado después de la lucha. Esto no es un comportamiento raro en estas luchas, durante un tiempo realizaron con rabia sanguinaria estos hechos con los cafres, pero no solo lo entendí, yo mismo lo llegué a experimentar cuando también pude ver aquellas muchachas inglesas horriblemente mutiladas y los pequeños niños blancos con su vida rota y acabada por los demonios negros, que no sabían ni conocían ninguna piedad. No esperaban ninguna compasión, porque, como admitieron, habían ido más allá de su comportamiento guerrero, matando a nuestras mujeres y niños.

Tampoco los *kraals*, poblados militares o civiles, se escaparon de ser destruidos sistemáticamente, especialmente si se descubrían en ellos armas y sobre todo pertenencias de las granjas de los colonos asesinados. En uno de ellos tuvieron la relativa fortuna de dar la voz de alarma cuando los jinetes del 13º de húsares se acercaban:

Todos sus fuegos fueron abandonados encendidos, con las ollas llenas de calabaza y maíz que hervían bulliciosamente por el fuego; su ropa y mazas, azagayas y botín, estaban por montones; había sobre todo del ejército, ropa blanca de la gente y de mujer, hachas, provisiones enlatadas, y otros artículos, claramente estropeados pertenecientes a blancos asesinados; y entre las cosas que recogí había una baratija que tenía su significado para nosotros, y esto consistía en un peculiar y pequeño collar de cuentas negras; este collar era de la clase que solo estaba permitido llevar a cierto regimiento matabele, a saber, el regimiento mNtini, que actuaba como el protector de Mqwati —el sumo sacerdote de Mlimo en estos lugares—. Nosotros hubiéramos tenido verdadera suerte si podíamos coger a esos hombres; este es el impi que se separó por diferentes partes del país con órdenes de matar a cualquiera de sus habitantes que desearan hacer la paz con los blancos, o rendirse. Por todas estas evidencias, y por el aspecto de las chozas, adivinamos que este campamento era el principal puesto de Mqwati... por lo tanto dejamos a los hombres destruirlo.

LA GUERRA SE TRASLADA A LAS MONTAÑAS

Con la llegada del verano (el invierno austral) la lucha se recrudeció después de que varios *indunas* de diferentes regimientos realizaran varios y audaces asaltos sobre los *laagers,* aunque el resultado no cambió, siendo el último gran ataque sobre el *laager* en el valle iNugu, nombre con el que se conoció la última batalla a campo abierto de la guerra. A la 5.30 de la mañana una bala pasó silbando por encima del

Selous, sentado en el centro de la imagen, acompañado de efectivos de las diferentes unidades que defendieron el Fuerte Mgwelo en 1896.

laager y un centinela tocó una corneta, mientras que testigos presentes dijeron que lo siguiente que escucharon era el típico y peculiar sonido de una carga de un *impi* matabele[81], y luego:

> ... dejé caer la taza de café, que apenas justamente me acababa de entregar el cocinero, al escuchar gritar «a las armas», se abalanzaron tan rápidamente como el tiempo que tardé en llegar a la parte trasera del *laager*. Encontré a los hombres todos listos en posición de rodillas, y al sargento que tenía su Nordenfelt lista para la acción. Con inquietud todos miraban el rápido avance de una masa de rebeldes que gritaban ensordecedoramente para ver quién era la primero en llegar al *laager*, con gritos para alentarse y asustarnos, disparando sus rifles mientras corrían. Durante un segundo aquella visión me pareció imponente. Hablé a los hombres para que permanecieran serenos y no dispararan sobre el piquete, que eran los hombres que se precipitaban hacia el *laager* a la izquierda de la fuerza

---

[81] Se refiere a los cánticos de los guerreros, los gritos que unos a otros se dedicaban para darse valor en el ataque y el continuo traqueteo de la parte interior de los escudos que podía provocar una reverberación increíble. Durante la Guerra Zulú de 1879 los oficiales británicos intentaron describir este mismo sonido y lo llegaron a definir de muchas maneras, incluyendo «enjambre de abejas enfurecidas».

atacante. La primera descarga en la parte de atrás frenó el rápido avance del enemigo, y permitió a nuestro piquete de guardia alcanzar la seguridad del *laager*. Los rebeldes se pararon aproximadamente a 40 yardas del *laager*, se sentaron, y esperaron a ser reforzados atrás, al mismo tiempo derramando un fuego pesado y bastante mortal sobre el *laager*. Los dos primeros minutos mataron a dos hombres e hirieron a uno cerca de donde me encontraba.

Recuperados del fuego inicial, los guerreros lanzaron un segundo ataque que gracias a la valentía de dos tenientes y sus hombres consiguieron frenarlos, esta vez a tan solo 20 yardas de los carros, pero uno de los tenientes fue alcanzado de un tiro en la cabeza. Su compañero, el teniente Bell, desenfundó su revólver y con este en su mano gritó a sus hombres: «¡Síganme, muchachos!».

Precipitándose hacia el enemigo les dijo que avanzaran diez pasos y dispararan, luego debían tirarse al suelo y recargar, y así continuar hasta nueva orden. Simultáneamente un pesado fuego de un cañón de siete libras cayó sobre los guerreros cubriendo el avance del teniente y sus hombres. La ametralladora Nordenfelt se unió a las balas de los soldados y esta ducha de balas empujó al *impi* hacia atrás que se refugió entre unas rocas y matorrales.

El cuerno izquierdo del ataque matabele había sido rechazado, pero en el frente se luchaba contra el cuerno derecho, que afortunadamente había provocado más bajas entre los animales del *laager* que entre los defensores, pero aquí la ametralladora Maxim había abierto un gran claro en su ala izquierda. Tras retirarse el cuerno derecho, atacó la reserva matabele, que vio imposible avanzar ante la granizada de balas que destrozaba completamente su ataque. En apenas unos minutos todo el resto del *impi* se marchó mientras los voluntarios montados les persiguieron durante algunas millas hasta el valle Cheleli. Según Anderson, el médico del hospital de campaña, las bajas en el *laager* fueron importantes, al menos 30 hombres muertos o seriamente heridos, pero estos «llevaron sus sufrimientos valientemente, nunca pronunciando un gemido o mostrando signos de miedo».

El contingente de nativos aliados tuvo 27 muertos y 15 heridos. También se perdieron 9 caballos muertos y 2 heridos, 3 mulas muertas y 2 heridas. En un arroyo cercano se encontró a un numeroso grupo de guerreros heridos que habían sido dejados atrás por sus compañeros y fueron rematados. Un guerrero fue incluso ahorcado.

Para los matabele después de cada asalto quedaba claro que las lanzas y escudos de piel de buey no eran armas comparables con las ametralladoras y dejaron el terreno sembrado de cadáveres de piel de ébano, y entonces se decidieron por retirarse a la cordillera de colinas de Matopo para realizar una guerra de guerrillas.

En el nuevo terreno, las grandes concentraciones de guerreros que combatían en los espacios abiertos no tenían sentido, por la dificultad de desplegar los cuernos del búfalo sin ser vistos, y la mayoría de los *impis* se separaron formando partidas de varias docenas de individuos. Parecía ahora que la guerra podía eternizarse, pero con un gran golpe de suerte los hombres de Rhodes habían capturado a una anciana de enorme prestigio entre los matabele, Nyamabezana, una viuda del propio Mzilikazi que fue defendida por 70 guerreros. Durante dos días, y a pesar de su gran edad, ella mantuvo una actitud abiertamente hostil contra sus captores, a los que escupía cada vez que intentaban hablar con ella. Finalmente Colenbrander la convenció de que depusiera su actitud y si colaboraba le garantizaba la libertad para ella y su pueblo, pero a cambio tenía que llevar un mensaje para el resto de los cabecillas de la rebelión. Si la respuesta era entablar negociaciones para alcanzar la paz, los *indunas* tenían que poner una bandera blanca, si deseaban continuar con la guerra, esta tenía que ser roja. El 18 de agosto, cuatro días después de que Nyamabezana llevara la propuesta de Rhodes, se vio una bandera blanca; los últimos cabecillas de la rebelión aceptaban tener una reunión con Cecil Rhodes para intentar llegar a un acuerdo de paz, aunque para tener garantías de que no iban a caer en una trampa Rhodes solo podía ir acompañado por un máximo de cinco hombres. Rhodes sabía que estaba metiéndose en la boca del lobo, pero esta nueva guerra contra los matabele, a diferencia de la campaña contra los zulúes de 1879, no la estaba pagando el contribuyente británico, sino él de su propio bolsillo a un coste hasta ese momento de más de cinco millones de libras esterlinas (sin contar con las casi 100 000 libras que repartió después entre los familiares de los colonos cuyas granjas habían sido destruidas). Estaba claro que si la guerra continuaba podía arruinarse y se lo jugó todo a una temeraria, pero audaz, baza.

CECIL RHODES ENTRA EN LA BOCA DEL LOBO

El 21 del mismo mes, después de convencer a Frederick Carrington de sus intenciones,[82] ante 40 jefes matabele[83] y más de 800 guerreros totalmente armados, Rhodes vestido de manera impecable y con la sola compañía de los cinco hombres permitidos,[84] se había adentrado en un profundo desfiladero que conducía a una gran planicie. En la mente de todos ellos estaba lo ocurrido con Piet Retief y sus hombres cuando los zulúes del rey Dingane los mataron a traición y, por sugerencia de la mujer de uno de ellos, todos llevaban un revólver oculto entre las ropas, al pensar que si se presentaban dificultades siempre era mejor pegarse en tiro que ser atrapados, torturados y cruelmente asesinados.

La situación le estaba provocando una gran ansiedad y Rhodes, que hablaba algunas palabras en zulú, fue el primero en preguntar: «¿Hay paz?».

A lo que uno de los *indunas* presentes y claramente su portavoz, Somabhulana, contestó: «Hay paz, Baba (Padre)».

Durante los siguientes minutos Somabhulana contó a Rhodes cómo los matabele eran una escisión del reino zulú formado por Shaka y cómo su diáspora los había marcado. Sin embargo «su mayor enojo» estaba en la forma en que los enviados de Lobengula, en la anterior guerra, habían sido tratados y varios de ellos habían muerto o no regresado jamás, lo que les hacía pensar que los habían matado a todos, una muestra de que el hombre blanco no era capaz de respetar siquiera una embajada real. A pesar de todo, Lobengula había intentado alcanzar la

---

[82] El alto oficial británico no las tenía todas consigo e intentó convencer a Rhodes para que no siguiera adelante con la locura que, a su juicio, estaba a punto de cometer. Si Rhodes no salía vivo del encuentro, Carrington sabía que estaría en un serio problema, pero finalmente no tuvo más remedio que aceptar los deseos del imperialista Rhodes; al fin y al cabo, aunque las tropas imperiales estaban bajo el mando directo de Carrington, no era menos cierto que todo salía de los bolsillos de Rhodes.
[83] Uno de ellos era Babayane, el *induna* que durante su viaje a Londres había acometido al león enjaulado con su paraguas.
[84] La pequeña comitiva la componían el capitán Stent (corresponsal del *Times* de Ciudad del Cabo), los nativos John Grootboom y Makunga, el doctor Hans Sauer y el mercenario Johann Colenbrander, actuando este último como el guardaespaldas de Rhodes y su traductor, que tenía fama de una enorme bravura y se había hecho famoso al participar en la guerra civil zulú contra Cetshwayo KaMpande. El propio

Rhodes negocia el fin de la Segunda Guerra Matabele ante
800 guerreros y sus generales.

paz y su oro había sido robado por dos blancos a los que se les fue entregado junto a un mensaje de reconciliación. Pero lo peor de todo no había sido la muerte de su rey, sino la posterior confiscación de la mayoría de sus ganados que era de lo que ellos vivían. Durante dos horas y media, Rhodes permaneció sentado escuchando en un profundo silencio cómo los *indunas* se desahogaban, incluso Babayane habló diciendo que él mismo había sido ultrajado el día que había visitado Bulawayo para presentar sus respetos al magistrado. El resto de los guerreros presentes también escuchaba en un gran silencio hasta que por fin Somabhulana terminó su larga alocución elevando la voz y diciendo enfáticamente:

Colenbrander había tenido contra un guerrero *uSuthu* (nombre de los zulúes realistas) un tremendo combate cuerpo a cuerpo y que fue recordado por muchos como una de las luchas más tremendas que hombre blanco y negro habían protagonizado hasta la fecha. Colenbrander venció, pero salió malherido y necesitó un largo tiempo para recuperarse de sus tremendas heridas. Otra de las personas que quiso ir, pero no pudo, fue Baden Powell por estar todavía recuperándose de una disentería. Lo lamentó toda su vida.

La auténtica historia de *Las minas del rey Salomón*

Los jefes shona que firmaron la rendición tras unir sus fuerzas al levantamiento matabele.

Usted vino y usted nos ha conquistado. Nosotros aceptamos esto. Nosotros vivimos bajo su autoridad pero... ¡no como si fuéramos perros!

Estas últimas palabras provocaron un murmullo generalizado y la pequeña comitiva blanca temió que de un momento a otro la muerte fuera a visitarles; entonces Rhodes tomó la iniciativa. Girándose hasta Colenbrander le dijo: «Pregúntale por qué han matado a mujeres y niños blancos».

Colenbrander no quería hacer esta pregunta tan incómoda, pero Rhodes le dijo que cumpliera su voluntad y que preguntara a los *indunas*. La respuesta de los matabele era previsible: «Porque ustedes comenzaron primero».

La manera en que el hombre blanco se había hecho dueño de sus tierras y muchas de sus mujeres habían sido asesinadas se convirtió ahora en el centro de la conversación. Rhodes sabía que un careo sobre quién había sufrido más, o quién había empezado, no le iba a llevar a ningún sitio y hábilmente argumentó que lo importante ahora era mirar al futuro y no al pasado, y conseguir un acuerdo de paz. Inteligentemente se

Los líderes espirituales de la revuelta shona tras ser detenidos. Los hombres que aparecen a su lado, junto al oficial, son los nativos mercenarios conocidos con el nombre de los Chicos del Cabo.

comprometió a reformar la administración, a crear reservas para ellos[85], donde podrían mantener su estilo de vida tradicional, pero las armas de fuego y aquellos que hubieran participado en la muerte de colonos, de los que 126 eran mujeres y niños, tenían que ser entregados para ser juzgados, aunque, por supuesto, los *indunas* y jefes estaban fuera de esto último. Tras cuatro horas Somabhulana, que estaba desarmado pero llevaba un palo en sus manos, se levantó y de manera simbólica, como si fuera su arma de fuego, lo extendió a los pies de Rhodes diciendo: «Aquí está mi rifle».

La respuesta del resto de los presentes fue inmediata y decenas de fusiles y azagayas fueron colocadas con el mismo gesto a los pies de

---

[85] De un territorio original de los matabele de casi 20 millones de acres (el acre es una medida de superficie inglesa equivalente a 4.046,9 m^2), menos de 4 millones fueron destinados a reservas para los nativos y, como era de esperar, la inmensa mayoría de este era la peor tierra y con menos recursos naturales. De las originalmente más de 200 000 cabezas de ganado que tenían antes de la rebelión, menos de 40 000 permanecieron con ellos.

Rhodes. Por fin se había alcanzado un acuerdo para la paz. Ahora Rhodes se tuvo que esforzar para que el resto de los colonos, que querían erradicar del mapa a los matabele, también aceptaran que la guerra estaba terminada.

Mientras un jefe tras otro, de los que no habían estado en la reunión del día 21, se presentaban en Bulawayo para aceptar el acuerdo, y se sometían los últimos focos rebeldes, sobre todo de los más jóvenes o incluso de aquellos que desconocían que la guerra había terminado[86], en un intento tardío de expulsar a los blancos, los shonas, de Lozi Lewanika, se unieron al levantamiento de sus tradicionales enemigos los matabele, siguiendo las instrucciones de sus profetas Sekuru Kagubi y Mbuya Nehanda[87], con el mismo patrón de atacar a granjeros y mineros blancos, pero fueron finalmente reducidos en mayo de 1897.

Kagubi era un hombre de mediana edad, de unos cuarenta años, pero no fue el verdadero líder de la rebelión shona. Curiosamente fue Nehanda, una mujer hechicera y médium muy poderosa que se decía que tenía conexiones con los espíritus más ancestrales, de treinta y seis años (aunque aparentaba sesenta) casada y con tres hijos, que dijo a los suyos que los blancos serían erradicados por intervención divina si la tribu se levantaba en armas. Su mensaje era que la peste bovina, que no existía en aquellas tierras antes de la llegada de los blancos, era un castigo de los espíritus y, como también había dicho el profeta de los matabele, ellos no debían temer a las balas, porque estas se convertirían en agua[88].

---

[86] Aunque en el territorio matabele la lucha terminó y las fuerzas de voluntarios fueron desmovilizadas o enviadas a combatir a los shonas, como medida de precaución por si el conflicto volvía a surgir en poco tiempo, se construyó un total de 16 fuertes, y 200 jinetes de los húsares permanecieron en Bulawayo. El país se dividió en numerosos distritos, cada uno con un *induna* responsable y con un comisionado nativo que representaba al gobierno. La entrega de las armas de fuego se consideró un gesto positivo, de cara a conseguir las mejores tierras, y *lord* Grey les advirtió de que si alguno de ellos mantenía alguna remota posibilidad de continuar con la rebelión, esta se encontraba destinada al fracaso ya que el ferrocarril estaba a punto de llegar a Bulawayo y con ello el despliegue de tropas de refresco sería inmediato.
[87] Su verdadero nombre era Charwe NyaKasikana.
[88] Aunque hasta el momento no ha podido ser demostrado, hay evidencias de que en algún momento el líder espiritual de la rebelión matabele y Kagubi pudieron encontrarse en secreto y que el primero informara de sus intenciones a los shonas. Es curioso que también la última rebelión zulú de 1906, liderada por el jefe Bambhata KaMacinza, tuviera también la misma absurda idea inicial de que las balas se convertirían en agua.

Sekuru Kagubi fotografiado momentos antes de ser colgado.

El primer asesinato por parte de los shonas lo instigó ella misma cuando pidió que decapitaran al comisionado nativo de su distrito. La rebelión de los shonas fue una auténtica sorpresa para los blancos, ya que los primeros se habían beneficiado de la protección de los segundos contra los matabele y, en esta ocasión, totalmente confiados, se mató a muchos más colonos y mineros que a aquellos que cayeron en manos de los matabele en la primera fase de la rebelión. Por otra parte, las personas de origen europeo jamás imaginaron que los shonas fueran capaces de organizarse militarmente, un trágico error ya que los shonas llamaron a su guerra contra los blancos *chimurenga* (rebelión), movilizando a casi 5 000 hombres. Los matabele lo llamaron *uMvukela* (el gran levantamiento), y durante la posterior guerra por la independencia en el siglo XX volvieron a recuperarse estos nombres.

Tras ser perseguidos durante varios meses, Kagubi y Nehanda fueron atrapados (algunas fuentes dicen que se rindieron) en octubre de 1897. Tras ser juzgados[89], y a diferencia de lo ocurrido con los líderes matabele, fueron ahorcados dos meses más tarde. En el caso de Nehanda los dos primeros intentos de ahorcamiento fracasaron, lo que provocó un gran estupor entre los nativos, que contemplaban la escena, y que lo achacaron a sus poderes. Antes de morir la hechicera Mbuya pronunció unas proféticas palabras: «Mis huesos resurgirán otra vez de la tierra».[90]

---

[89] El proceso se alargó hasta marzo de 1898.
[90] Nehanda es toda una institución en la actual Zimbabwe y son numerosos los edificios e instituciones del país que llevan el nombre de su heroína, la mujer que lideró la rebelión shona.

Capítulo VII
Hombres y leones, enemigos ancestrales

> Desde que aquel condenado león me rasgó el muslo de arriba abajo, hace ya algunos años, cuando llega la humedad otoñal, con el aniversario de mi lamentable percance, me asalta invariablemente una nueva crisis.
>
> *Las minas del rey Salomón*

Los hombres que lucharon en la auténtica tierra de las novelas de Haggard tuvieron que enfrentarse a un problema añadido a las lanzas y fusiles de los guerreros, concretamente a la presencia de grandes felinos como los leones. Este magnífico animal era, y sigue siendo, uno de los mayores iconos de África y tanto Mashonaland como Matabeleland, con Mozambique a su derecha y el actual parque Kruguer al sur, aglutinaban en el siglo XIX una gran concentración de leones.

Los matabele conocían bien a este animal, que después del hombre blanco era el mayor enemigo de sus rebaños de bueyes, y le llamaban *iMgoyama*. Como para la mayoría de las naciones negras de África, el león simbolizaba el poder, la fuerza y la realeza, y, como ocurría con los zulúes, todo aquel que hubiera matado a un felino tenía la obligación de entregar la piel a su rey. Mineros, comerciantes, colonos y algunos miembros de las fuerzas que participaron en la segunda fase de la guerra de 1896-1897, —especialmente cuando la guerra de guerrillas se trasladó a la zona boscosa de los Matopo— pagaron con su vida la invasión del territorio del *rey de la selva*, aunque sin duda el número de leones abatidos por los fusiles durante este periodo fue notablemente superior al de las bajas producidas en los humanos.

Para defenderse de un animal tan fiero como un león o incluso cazarlo, los colonos afincados en Mashonaland y Matabeleland recurrieron a otro magnífico animal, un perro delgado, pero fuerte, valiente, inteligente y osado, que terminaría dando lugar a una raza en concreto, el actual rhodesian ridgeback.

EL PERRO CAZADOR DE LEONES

Como ocurre con un alto porcentaje de las razas de perros de las que solo hasta cierto punto podemos conocer la verdad sobre su origen, el rhodesian rideback está tan lleno de misterio y leyenda como casi todas las demás. A pesar de ello, se sabe con bastante seguridad que la raza parte de la mezcla de los primitivos perros que tenían los bosquimanos, que más tarde se mezclaron con los que los exploradores portugueses trajeron consigo al sur de África, y posteriormente su sangre recibió un nuevo impulso con los perros de origen holandés y más tarde ingleses. La mezcla de razas, junto a la adaptación al clima africano, desembocó en un perro ágil y rápido para la caza, pero a la vez enormemente valiente para ser capaz de enfrentarse a grandes felinos, como es el caso de los leones. Su pelo corto tiene una peculiar característica que le convierte en un perro singular y consiste en una cresta que crece a contrapelo, pero solo en el lomo, de ahí precisamente su nombre en inglés.[91]

Durante la retirada de Patrick Forbes a Bulawayo, tras la derrota de Wilson en Shangani, varios perros de esta raza los acompañaron. Tras preparar una treta que consistía en hacer creer al *impi* que les perseguía que ellos aún permanecían en un determinado lugar, mientras en realidad con las ametralladoras Maxim desmontadas a lomos de caballos escapaban en dirección contraria, y para gran pesar de sus dueños, los perros fueron sacrificados para que no ladraran y delataran su estrategia. Para no disparar tuvieron que ser golpeados en la cabeza

---

[91] Esta característica es relativamente frecuente en los perros de origen auténticamente africano y ha podido observarse en perros ajenos a esta raza en otros países como Angola, Zaire, Zambia, etc.

La auténtica historia de *Las minas del rey Salomón*

Bongo, un gran ejemplar criado en España de rhodesian ridgeback, el cazador de leones. En el lomo puede apreciarse su característica cresta a contrapelo.

y, según algunos de los testigos presentes, sus dueños pasaron un momento considerablemente desagradable.

Su capacidad de atacar a los leones, solo o en compañía de otros ejemplares, ha quedado registrada en el último siglo en innumerables ocasiones, tanto por encuentros fortuitos como por la propia caza del león con perros. Valiente como pocos, lo cierto es que un alto número de perros morían o eran heridos antes de que el león cayera bajo las mandíbulas de los perros, aunque su misión no era el ataque, sino tener la agilidad suficiente para cercar al león y esquivar sus embestidas hasta la llegada de su amo. Se sabe de un caso en India en el que un tigre de Bengala mató al menos a 16 perros antes de morir. Aunque estamos hablando de razas, continentes y felinos diferentes, en el caso de los leones, y de este perro en particular, el número de bajas entre los canes también debió de ser alto cuando se producían ataques frontales. En la mayoría de los casos, el león, que está acostumbrado a perseguir y no a ser perseguido, planta cara a los perros y a lo sumo tiende a guarecerse entre los arbustos, pero siempre con la particularidad de que nunca da la espalda.

Los perros acorralan al león pagando,
por su bravura, un alto precio.

Algunos de los primeros perros que se aproximaban a las características de la raza actual del formidable rhodesian ridgeback llegaron a lo que hoy es Zimbabwe y Zambia acompañando a misioneros y cazadores (algunos creen que los primeros ejemplares pudieron llegar en 1844[92]) y el propio Livingstone tenía uno de ellos. Perros acostumbrados a sufrir altas temperaturas diurnas y heladas nocturnas, a no ser exigentes en la comida, a ladrar solo cuando fuera necesario y, sobre todo, a morir en defensa de su amo, su familia o propiedades. Selous tenía varios de ellos y según su propio testimonio una de las mayores características de este animal era su inconfundible olfato para detectar la presencia de leones, junto a la respuesta visceral que su cercana presencia producía en él. De hecho, al principio, le llamaron *el perro africano cazador de leones*.[93]

---

[92] Se suele tomar como referencia que dos perros del reverendo Charles Daniel fueron el embrión en Zimbabwe de la actual raza.
[93] El rhodesian ridgeback pasó por momentos delicados con motivo de la guerra por la independencia en la década de los años setenta del siglo xx, pero con la emigración de la población blanca los descendientes de los antiguos colonos se llevaron a sus perros consigo y hoy goza de una excelente aceptación en numerosos países como Inglaterra,

HOMBRES CAZADORES DE FIERAS

Baden Powell y los hombres del 7º y 13º de húsares llevaron varios perros con ellos, pero como el propio oficial pronto comprendió lo mejor ante un león seguía siendo un arma de fuego:

> El 22 de septiembre nosotros tuvimos lo que en India se llamaría «una mañana europea», es decir, permanecer en la cama más tiempo que el de costumbre y no nos pusimos en marcha hasta las cinco. Entonces marchamos durante dos horas a lo largo del Shangani, nosotros estábamos ahora fuera del bosque, pero el terreno estaba bastante lleno de arbustos espinosos. Había tomado una patrulla de tres hombres a través del río para investigar entre los arbustos, y al volver sobre la orilla del río uno de mis hombres gritó ¡un león! Era totalmente cierto, había un gran león de melena negra paseando a lo largo de una pequeña isla en medio del lecho, aproximadamente a cien yardas de distancia.

Instintivamente Baden Powell y otro de sus hombres dispararon a la vez. El oficial desde el suelo y el soldado desde su montura, y mientras una de las balas impactó justo debajo del animal, otra le alcanzó de pleno en los cuartos traseros y el león dio un salto adentrándose entre las rocas y desapareciendo de la vista. El oficial y sus hombres, armas en mano, peinaron toda la zona para encontrarlo, pero les fue imposible. Más tarde supieron que el animal había sido visto en otro lugar arrastrando sus cuartos traseros. Nunca llegó a saber si fue su disparo o el del soldado el que le alcanzó. Con toda probabilidad el gran felino debió sufrir una muerte lenta y dolorosa por culpa de la posterior infección aunque se han conocido casos de felinos que han sobrevivido a heridas aparentemente letales.

En otra ocasión, después de que la infantería montada realizara un asalto a punta de bayoneta de un *kraal* shona, y en el que resultaron muertos 20 guerreros, el grueso de estos hombres se reunió con varias patrullas que contaron sus aventuras con diversos leones, incluyendo una manada de nueve ejemplares adultos acostados, pero:

Estados Unidos y desde luego España, donde demuestra que sigue siendo un excelente guardián y un gran cazador. El estándar actual de la raza habla de un perro de aproximadamente 40 kilos en los machos adultos y una altura en la cruz de unos 65cm, aunque es evidente que existen ejemplares que superan estos pesos y medidas. Su color es tremendamente típico, un precioso rojo cobrizo.

Un bello ejemplar de león de melena clara. La presencia de estos animales fue una causa de permanente preocupación, especialmente durante la Segunda Guerra Matabele.

> … cuando los leones se levantaron, se estiraron y bostezaron, los exploradores no perdieron tiempo en retirarse. Otro león visitó los carromatos, y fue herido por el tiro de un centinela a una distancia de cinco yardas, pero él se escapó, y hasta aquí, donde ahora nosotros estábamos acampados, los leones estaban a nuestro alrededor, mantenidos atrás por grandes fuegos durante la noche y los centinelas.

Prácticamente no había día que al terminar la jornada los hombres al regresar a sus respectivos campamentos no mezclaran sus hazañas militares y los encuentros con leones. Entre ellos estaba Baden Powell, que por fin obtuvo su ansiado trofeo:

> Con la luz temprana de la mañana cruzamos un lecho profundo del río uMchigwe, y al hacerlo, notamos una huella fresca de un león en la orilla. Nosotros continuamos, y teníamos la mirada puesta en el enemigo, y al volver atrás, cuando nos acercábamos a este lecho, acordamos ir silenciosamente, en caso de que el león pudiera estar allí. Mirando abajo del banco de la orilla, mi corazón dio un salto de júbilo cuando pude ver a un magnífico y viejo animal que justo andaba detrás de mí en los arbustos…

Su compañero Jackson no podía verlo, pero a su caballo le había llegado el olor de la fiera y a una indicación de Baden Powell desenfundó su fusil y, al ver finalmente al león, disparó apresuradamente alcanzándole el tiro una sus garras. Entonces este sacudió su melenuda cabeza y miró a ambos hombres con solemne sorpresa y, tras apenas dos segundos, le tocó el turno a Baden Powell:

> Disparé y le alcancé en las costillas con una bala de plomo de mi Metford. Él saltó y bailó a su alrededor con pasos asombrosos, cuando Jackson, que disparaba con un Martini-Henry, le dio en el hombro y él dio un giro gruñendo ferozmente. Apenas me podía creer que nosotros por fin hubiéramos conseguido un león pero estábamos resueltos a asegurarnos que fuera así y dije a Jackson que no dispara a no ser que fuera necesario (por miedo a estropear la piel con la bala más grande del Martini), me puse más cerca de la bestia y disparé un tiro detrás de su cuello…

Para entonces el animal, que estaba moribundo, dio su último aliento no sin antes girar su cabeza para mirar al hombre que le había quitado la vida. La última bala le había entrado por la parte de atrás del cráneo y salió por la mandíbula inferior. Uno de los auxiliares africanos estaba encantado con la muerte de aquel león de melena roja y comenzó a examinar al animal muerto. Una observación más minuciosa por parte del resto de los presentes les llevó a identificar al león como un macho entrado en años, bastante pesado y con heridas recientes de una lucha contra un puercoespín.

La última experiencia documentada con leones durante la guerra de 1896-1897 tuvo lugar con un viejo león que durante varias noches se acercaba a los campamentos y que en varias ocasiones mató a los perros que le atacaron. Una noche llegó a entrar hasta dentro de la tienda comedor de los oficiales donde había un jamón colgado y, aunque intentó llevárselo sin éxito, al día siguiente se podían distinguir claramente las huellas dejadas por sus garras. Al animal se le hizo una espera armada desde lo alto de un carro y a la tercera noche recibió un balazo en el cuello que le hizo rodar por el suelo y morir minutos después.

EL VIEJO CAZADOR DE LEONES

El viejo cazador de leones, Selous, decía que los ejemplares de Rhodesia eran notablemente superiores a los que él había cazado en otras partes de África. De los más de treinta ejemplares que mató allí, uno de los leones abatidos por su arma fue un macho de 186 kilos, pero de los más extraordinarios fue otro ejemplar de 3 metros de longitud, desde la cabeza hasta la punta de la cola que dio el peso de 242 kilos, que necesitó 6 hombres para transportarlo. Aun considerando que es posible que el felino fuera cazado después de que hubiera comido, y que los leones pueden devorar ingentes cantidades de carne de una sentada, el animal seguiría siendo formidable.

Selous sabía, por propia experiencia, que no se podía dejar a un león herido y que la persecución del mismo aumentaba enormemente los riesgos. En una ocasión, acompañado del comerciante George Westbeech con el que viaja al sur del Zambeze para aprovisionar a las tropas de Rhodes, tras matar a tres antílopes y cuatro jirafas, mientras secaban la carne les llegó el rugido, no muy lejano, de un león. Rápidamente ensillaron sus caballos y partieron en su busca. Pronto encontraron los despojos de un animal que estaba rodeado de buitres. Al saber que los leones, una vez saciados, buscan un lugar donde descansar, generalmente no muy lejos del cadáver de su presa abatida, sus ojos se dirigieron hacia un arbusto cercano donde efectivamente un magnífico león se había erguido entre la sombra y no dejaba de mirarles. El cazador no lo dudó un segundo y disparó, pero la humareda de la pólvora impidió que por unos segundos Selous comprobara qué había ocurrido, aunque podía escuchar un intenso y agudo rugido. Poco después, cuando la brisa se llevó el humo, fue visto dando volteretas sobre sí mismo, y mientras Selous procedía a recargar su arma el león se incorporó y volvió a introducirse entre los arbustos de un profundo barranco. Selous continúa con el relato:

> Yo debo confesar que a mí no me gustaba nada seguirle en este bajo matorral espinoso donde uno no podía ver más allá de cinco pasos delante, solo y sin los perros; pero, al mismo tiempo, anhelé poseer su piel y, es más, mi pensamiento era que le había herido mortalmente, por la manera en que giró sobre su hombro, supe, por la posición en que él estaba cuando le disparé, que mi bala debió pasar rozándole la mejilla, golpeando en el

hombro, y entonces, como imaginaba, lo rompió, mientras con toda probabilidad atravesaba uno de sus pulmones. Llevando mi caballo por la brida, seguí el rastro de sangre que marcaba un camino en el barranco... De repente, aproximadamente a 30 pasos delante, lo vi, era la melena de un león ondeando ligeramente por el viento.

Pero la caza del león herido no iba a ser ni tan fácil ni tan corta como Selous pensaba. Mientras procedía a rodear al animal desde la parte superior del barranco, buscando la dirección en contra del viento, atravesó los arbustos hasta que un ronco gruñido le advirtió de que no diera un paso más. El león mostró sus colmillos y se marchó nuevamente hacia lo más profundo de la espesura con tanta velocidad como su estado le permitía. El hombre se cuestionó realizar varios disparos hacia el lugar, pero sabía que la probabilidad de que sus tiros al azar alcanzaran el blanco era prácticamente nula, por lo que la única manera de acabar con él era introducirse otra vez entre los matorrales, algo que seguía poniéndole particularmente tenso. Para complicar las cosas el sol comenzó a ponerse, y una pesada lluvia cayó, por lo que Westbeech le aconsejó que dadas las circunstancias lo mejor que podía hacer era regresar a los carros y al día siguiente venir con los perros.

El sonido del primer disparo había atraído a cuatro hombres del campamento y todos procedieron después a regresar hasta los carros cuando, súbitamente, le escucharon rugir detrás de ellos. Aparentemente se estaban cambiando las tornas, el animal parecía que era ahora quien quería darles caza a ellos. Grandy, uno de los hombres del campamento, gritó: «¡Allí está! Yo lo puedo ver».

Los rifles de los hombres retumbaron nuevamente y el león enseguida dejó de rugir y desapareció entre unas acacias. Siguiendo su rastro, en medio de la lluvia, volvieron a verle cerca de un arroyo cercano y el león cargó contra ellos con sus fauces abiertas y dando atronadores rugidos. Los disparos solo le pudieron detener apenas cuando se encontraba a unos pocos pasos de ellos y el animal cayó dando trompicones a los mismos pies de Selous. A pesar de que el león tenía el hombro roto por el primer disparo eso no le había impedido correr a una velocidad asombrosa. Dorehill, otro de los presentes, le disparó nuevamente, por seguridad, con su Martini-Henry. El examen del animal demostró que había recibido varios disparos, uno en una pata, pero la bala que lo frenó era la que perforó completamente el cráneo.

Tampoco la misión Kuruman del reverendo Robert Moffat se quedó sin su correspondiente encuentro con un león. En 1826 Moffat se encontraba en Bechuanaland para aprender esta lengua y traducir la Biblia para ellos, cuando regresaba a la misión, donde su casa de paja estaba siendo sustituida por una más confortable de estilo europeo. Mientras iba montado en su carro tirado por bueyes y acompañado de dos ayudantes negros, observó cómo habían atado con una larga cuerda en la parte trasera del carro a una joven ternera de pocas semanas. Moffat les advirtió que caminar con ella era como poner un cebo y que estaba convencido de que haberla traído para que siguiera alimentándose de su madre era un gran error. En sus memorias Moffat contó lo que sucedió después:

> Tomamos una pequeña cena, que fue seguida por nuestro himno de la tarde y las oraciones. Apenas me había retirado unos minutos al carro para prepararme a pasar la noche, cuando todos los bueyes comenzaron a ponerse inquietos. Un león apareció y agarró a la joven ternera a tan solo unos pasos de sus colas, arrastrándola a una distancia de treinta o cuarenta yardas, donde claramente lo oímos despedazando al animal y rompiéndole sus huesos, mientras sus bramidos eran de lo más lamentable. Cuando estos se acabaron, cogí mi arma, pero como estaba demasiado oscuro para poder ver a esa distancia, apunté al lugar que había identificado por el sonido donde el león estaba devorando. Disparé una y otra vez, y fui contestado con rugidos enormes, al mismo tiempo que se lanzó hacia el carro aterrorizando sumamente a los bueyes. Los dos sirvientes tomaron ramas encendidas y las lanzaron permitiéndome algo de luz para que pudiera apuntar. Apenas habían arrojado las brasas cuando el enfurecido animal se precipitó hacia ellos con gran rapidez, y apenas tuve tiempo de girar el arma y disparar entre los hombres y el león. Los nativos corrieron hacia unos arbustos espinosos con sus semblantes mostrando un terror extremo.

El animal detuvo su carga y se retiró nuevamente a los arbustos y Moffat creyó que lo que quería era que lo dejaran comer en paz, pero la noche iba a ser muy larga:

> Como nuestro suministro de madera era escaso para mantener el fuego, uno de los hombres se arrastró entre los arbustos del fondo, mientras procedía con el mismo objetivo hacia el otro lado. No había ido muy lejos cuando, al levantar la mirada, distinguí entre mí y el cielo a cuatro animales, cuya atención llamé al romper un palo seco. Una mejor visión me indicó que eran leones, y me retiré andando hacia atrás sobre mis manos y pies en dirección contraria encontrando a uno de los conductores del carro,

mirando con alarma, y con buena razón, a la dirección de enfrente, porque dos leones nos estaban observando; al parecer estaban tan inquietos por nosotros, como nosotros por ellos. Con alivio alcancé el carro y nos sentamos para mantener vivo nuestro fuego, mientras podíamos escuchar cómo los leones devoraban su presa. Cuando cualquiera de los otros leones hambrientos le desafiaban al acercarse hasta él, este los perseguía durante unos metros con rugidos horribles, que provocaban pánico entre nuestros bueyes y producía toda clase de sensaciones desagradables en nosotros. Nosotros teníamos razón suficiente para estar alarmados, por si alguno de los seis leones que habíamos llegado a ver se lanzaban intrépidos hacia nuestro fuego, precipitándose entre nosotros.

LIVINGSTONE, HERIDO POR UN LEÓN

El ataque más conocido de un león a un hombre blanco durante el siglo XIX fue el que sufrió el explorador y misionero Livingstone, provocándole heridas graves en su brazo izquierdo en 1843. Los nativos llevaban un tiempo aterrados por los continuos ataques de los leones a su ganado, pero en las últimas semanas un macho en particular se había envalentonado hasta el punto de atacar directamente las reses dentro del poblado. Livingstone tomó su escopeta de dos cañones y, seguido de varios de sus sirvientes personales y de hombres del poblado, se dirigió al lugar donde el gran macho había sido visto por última vez. Tras localizarle acostado entre varias acacias, Livingstone disparó su arma y segundos después, como él mismo relató (el suceso fue recogido en innumerables biografías), antes de poder disparar por segunda vez el león ya había caído sobre él mordiéndole en el hombro gravemente. Su criado Mebalwe con gran valor se acercó todo lo pudo, a una distancia inferior a los 10 pasos, para disparar su arma con la garantía de no alcanzar al misionero y, cuando lo hizo, al león abandonó el cuerpo de Livingstone, y girándose se abalanzó sobre Mebalwe destrozándole el muslo derecho con un zarpazo. Cuando se disponía a rematar a cualquiera de los dos hombres que ahora estaban en el suelo, un segundo nativo con gran valor se acercó y le lanceó en los cuartos traseros y la furia del león herido cayó sobre él mordiéndole en el hombro derecho (este hombre valiente le había salvado ya la vida en otra ocasión cuando un búfalo se abalanzó contra Livingstone). Cuando el león se debatía ahora sobre a quién de los tres seres humanos iba a

Livingstone en el momento de ser atacado por el león.

lanzar su dentellada mortal, llegaron otros hombres que le dispararon y dando un gran salto se marchó para caer muerto tan solo unos pasos más adelante. Tanto Livingstone como Mebalwe y el otro nativo se recuperaron, no sin dificultad, de sus heridas, aunque el primero tuvo dolores en el hombro durante el resto de su vida. Livingstone afirmó que este ataque tuvo un resultado muy positivo en su vida. En primer lugar, le sirvió como experiencia personal para predicar el pasaje del apóstol San Pablo en la epístola a los Romanos 5:3[94] y, en segundo lugar, la necesidad de recuperarse del ataque del que parecía no mejorar lo suficiente le llevó a ser atendido, durante un tiempo, en la misión Kuruman, por Mary, la hija mayor de Robert Moffat, donde ambos se enamoraron casándose el 2 de enero de 1845. El propio Livingstone dijo, recordando el momento en que el león ya estaba sobre él:

---

[94] El texto de la revisión de 1960 de la versión Reina-Valera de la Biblia dice: «Y no solo esto, sino que también nos gloriamos en las tribulaciones, sabiendo que la tribulación produce paciencia».

El león me agarró por el hombro y ambos caímos juntos a tierra, gruñendo horriblemente cerca de mi oído, sacudiéndome como un perro terrier hace con una rata.[95]

LOS LEONES DEVORADORES DE HOMBRES EN LA ACTUALIDAD

Los leones continúan siendo una causa de conflictos en el mismo territorio protagonista de este libro y siguen produciéndose encuentros mortales con el hombre, como el acontecido el 21 de octubre de 2008 en Zimbabwe, concretamente en Masvingo, cuando una niña blanca de nueve años fue atacada en el jardín de su propia casa por una pareja de leones, sufriendo gravísimas heridas en la cara, cabeza, garganta y un brazo. La valiente actuación de un jardinero —que también resultó herido— y de su propia madre evitó que fuera devorada, pero se necesitó de una larga intervención quirúrgica para salvarle la vida. Paradójicamente el padre de Courtney sabía de la existencia de esta pareja en su finca pero no había realizado ninguna actuación contra ellos al creer que la presencia del león y su pareja servirían de disuasión contra los asaltos a las granjas por parte de los seguidores de Mugabe. Lo más terrible es que la niña se encontraba en el interior de la vivienda cuando ocurrió el ataque y que la leona fue la primera en entrar después de romper una ventana. Los expertos no creen que se tratara de un encuentro fortuito, sino de una acción perfectamente planificada que demuestra hasta qué punto la presencia del ser humano es ya tan habitual en el territorio de estos animales que han perdido mucho del miedo instintivo al hombre.

En abril de 2007 un turista australiano también resultó herido en Zimbabwe por un macho errante. El 13 de agosto de 1999 se produjo otro violento ataque en el que perdieron la vida dos personas por causa

---

[95] Curiosamente Livingstone contó que lo que le produjo durante el ataque un mayor dolor fue su oído, ya que cuando el león le mordió en el hombro mientras le sacudía de un lado a otro no dejaba de rugir y al estar junto a su oído le dejó casi sordo durante varios días. Durante su multitudinario funeral, Bartle Frere, que había sido Alto Comisionado para África del Sur, dedicó una parte de su intervención al relato del ataque del león.

Guerreros shonas, en lo que hoy es Tanzania, celebran la muerte de quien después de los matabele eran sus peores enemigos: los leones.

de una leona que tenía una pata herida, y en 2005 una turista japonesa, que imprudentemente paseaba a pie por uno de los parques naturales al oeste de Harare, fue atacada por varios leones. Aunque finalmente pudieron ahuyentarlos, la mujer no se recuperó de las profundas heridas recibidas y falleció al día siguiente. Pero de todos los ataques de leones en Zimbabwe, uno de los más famosos se produjo en 1981 cuando un león macho, al noroeste del país, entró dentro de una choza después de romper la puerta de un zarpazo. Dentro había tres niños a los que mató permaneciendo en su interior y matando después a la madre que ajena a lo ocurrido entró en la casa. Este macho fue perseguido por un cazador profesional sudafricano durante varios meses y lo describió como endemoniadamente astuto.

El último «cazador de hombres» del que se tiene noticia fue el que se mató en Tanzania en junio de 2008 cuando este macho nómada, al que se le perseguía infructuosamente desde hacía dos años, cayó en una trampa en la que se le había puesto una cabra como cebo. Cuando se le disparó había devorado hasta ese momento a 25 personas. El informe que presentó después el departamento de vida salvaje especificaba que su cuerpo y dentadura no presentaba ninguna anomalía, herida o enfermedad, simplemente había comprobado lo fácil que era matar un ser humano.

En lugares como Kenia y Tanzania, se da la curiosa leyenda (confirmada por muchos testigos) de que los leones son perfectamente capaces de distinguir quienes son seres humanos pertenecientes a los célebres guerreros masái y quiénes no, y existe un profundo respeto entre ambas especies, aunque sin duda los masái han matado leones y continúan haciéndolo, sobre todo si se produce un ataque sobre sus rebaños. El gobierno de estos países indemniza a los pastores lo antes posible para evitar que los guerreros se tomen la justicia por su mano, pero lo cierto es que pocas veces pueden evitarlo. La caza del león por parte de esta tribu está considerada como el máximo ejemplo de valentía y hasta fechas relativamente recientes una cuestión importantísima dentro de su cultura. La caza del león se realizaba con un grupo mínimo de 10 hombres y el primero en alcanzar al animal era agasajado por el resto de la tribu. La melena, garras y muy especialmente la cola eran los trofeos más buscados. Usando cascabeles atados a las extremidades de sus cuerpos llevaban al animal hasta la llanura abierta de la sabana, en caso de que se hubiera ocultado entre la espesura, y allí, una vez rodeado, las lanzas salían a su encuentro. Al relativo cobijo de un escudo de piel de vaca pintado en vivos colores, junto a una espada como reserva, se enfrentaban después a las cargas de un animal extremadamente peligroso.

En el resto de los países limítrofes con Zimbabwe, como Sudáfrica y su parque nacional Kruguer, todos los años se registran ataques mortales a seres humanos. En algunos dramáticos años, incluso superando en conjunto la cifra de los célebres devoradores de hombres de Tsavo[96]. Cada año miles de mozambiqueños intentan huir de la miseria de su país y para ello tienen que atravesar el parque. Esta frontera natural alberga la población de leones más implacables que se conoce contra el ser humano y los guardas encuentran todos los años restos de seres humanos devorados por estos. Uno de los casos más dramáticos se produjo en el año 2002 cuando seis hombres se subieron durante la noche a un árbol para intentar evitar a una manada que quería darles caza. Con gran espanto los leones treparon al árbol y arrastraron a cinco de ellos al suelo para devorarlos. El único superviviente fue rescatado dos días después todavía en estado de *shock*.

Precisamente Mozambique registra también un buen número de ataques de leones que sin duda comprueban que el ser humano sin un arma de fuego a su alcance es una presa fácil para un gran depredador. La mayoría de los ataques suelen producirse tras la temporada de lluvias, en pueblos apartados. Todavía se recuerda que en el año 1908 veinte seres humanos fueron cazados por un grupo de devoradores de hombres. Bostwana, Somalia, Etiopía, Namibia, Kenia, Uganda, Zambia y Tanzania también tienen su macabro cupo y desde luego no ha sido, ni será, el último de los ataques en una tierra donde hombres y animales comparten en muchas ocasiones el mismo territorio, como

---

[96] Dos leones devoradores de hombres interrumpieron durante nueve meses la construcción de la vía de ferrocarril hasta que el ingeniero y coronel John Henry Patterson acabó con ellos en diciembre de 1898, después de que ambos animales devoraran un número indeterminado de entre 140 y 200 personas.

Guerreros masái, en una fotografía de 1925, con los cuerpos de tres leones abatidos por sus lanzas.

consecuencia de la superpoblación humana, y que ha dado como resultado que desde 1990 se haya triplicado el número de ataques.

Actualmente se estima que viven en África alrededor de 20 000 leones, muchos de ellos sometidos a la intensa presión cinegética y a la endogamia, y desde la década de los años ochenta su número se ha reducido significativamente[97]. A pesar de ello, Zimbabwe sigue siendo uno de los destinos preferidos de los practicantes de la caza mayor, especialmente para la caza de leones, a un precio que supera ampliamente los 30 000 euros; además de elefantes, leopardos, búfalos, etc. Zonas como Gokwe, Chewore y el parque Hwange, junto a las Cataratas Victoria, mantienen un floreciente negocio que mueve millones de euros todos los años, y a diferencia de otros lugares de África, donde se crían animales para ser «cazados» en fincas particulares

---

[97] La Unión Mundial de la Naturaleza estima que en treinta años han desaparecido 80 000 leones y por ello ha declarado que la especie tiene la categoría de vulnerable, muy especialmente las poblaciones aisladas del África occidental donde su futuro es sombrío.

donde los animales después son soltados y tienen escasas posibilidades de escapar o defenderse. La caza de los cinco grandes en Zimbabwe garantiza una buena dosis de adrenalina y riesgo en su auténtico estado natural.

En lo más profundo de nuestra mente algo ancestral provoca que, cuando miramos al fuego o escuchamos el rugido de un león, nuestros instintos primigenios se pongan en marcha, quizá porque hubo un día en que nuestros antepasados africanos tenían que permanecer en alerta constante para no ser devorados y, a pesar del tiempo transcurrido, aún permanece en nuestro código genético. Todavía hoy, visitar el continente negro y escuchar los sonidos de la noche africana sigue siendo una de las mayores experiencias de la vida y no olvidemos que como dijo Bernard Shaw: «Cuando un hombre mata un león, lo llaman deporte; cuando el león mata al hombre, lo llaman ferocidad».

Capítulo VIII
Un deseo incompleto

> Fáltame contar ahora la maravilla mayor de esta increíble historia. Es tan extraña, tan inverosímil, que para no aumentar en lo más mínimo el aire novelesco que ya tiene de por sí, me será forzoso narrarla con sencillez extremada.
>
> *Las minas del rey Salomón*

En noviembre de 1897 el segundo sueño de Rhodes se hizo realidad. El tren llegó a Bulawayo y, para la inauguración de la línea que tuvo lugar el 4 de noviembre de 1897, hasta el gran explorador Henry Morton Stanley fue invitado. Stanley acudió zarpando desde el puerto inglés de Southampton el 9 de octubre y dejó escrita para la posteridad algunas de las vivencias de este nuevo viaje:

En Bulawayo, los ingleses evidencian un exaltado optimismo, propio de hombres que se han hecho ricos de pronto y cuyo porvenir se vislumbra magnífico.

Para Cecil Rhodes la cabalgada de Jameson significó el fin de sus aspiraciones políticas, y la guerra bóer, el epílogo de su vida ya que murió a las seis de la tarde del 27 de marzo de 1902, a la edad de cuarenta y siete años en los propios brazos de Leander Starr Jameson[98],

---

[98] Jameson dijo que sus últimas palabras fueron: «Qué poco hecho. Tanto por hacer». La mayoría de los biógrafos actuales, alejados de la imagen gloriosa e imperialista del siglo XIX y hasta mediados del XX, afirman que con toda probabilidad la frase fue una invención de Jameson para glorificar a Rhodes, pero el doctor Smart, *sir* Edmund

en la localidad costera de Muizenberg[99], sin poder ver su primer y gran sueño cumplido, una sola África unida bajo la bandera de la Union Jack y la victoria final británica de la Segunda Guerra Anglo-Bóer apenas por unas semanas. Sus problemas de salud habían progresado en los últimos tiempos y, especialmente el juicio contra su adorado Jameson le había hundido por completo agravando sus problemas de corazón. Curiosamente la larga enfermedad de Rhodes es una de las más documentadas en un personaje histórico de su calibre. Su infarto agudo de miocardio a los diecisiete años, algo muy poco frecuente a esas edades tan tempranas, demuestra claramente que nació con una cardiopatía y, con su primer viaje a África (narrado con anterioridad), es muy probable que buscara el ambiente cálido del continente, ya que sería más saludable para él que la fría y húmeda Inglaterra. Desde hace tiempo se sabe que los climas cálidos son un aliado para la prevención de cardiopatías, ya que la frecuencia de infartos es más alta en los países nórdicos que en los mediterráneos; pero en el caso de un hombre visceral, bebedor, obeso y adicto al tabaco, el clima no podía hacer milagros. Por todo lo dicho, podemos comprender su prematura muerte tras unos años de empeoramiento progresivo de su enfermedad cardiaca. Algunas fuentes sugieren que la fiebre entérica que sufrió en 1897, en las cercanías del río Inyanga tras la finalización de la Segunda Guerra Matabele, le reagudizó su patología de base. Como ejemplo de su incapacitante estado de salud tenemos una noticia aparecida en el *New York Times* el 5 de noviembre de 1897, donde se relata que Rhodes no pudo asistir a la inauguración de la recién construida estación de Bulawayo debido al agravamiento de su enfermedad. A partir de entonces su salud fue deteriorándose a pasos agigantados y en la edición del 8 de marzo de 1902[100], también del *New York Times,* se publicó que Rhodes estaba en

---

Stevenson y *sir* Charles Metcalfe, junto a varias de sus hermanas y hermanos que estaban en la habitación, afirmaron categóricamente que estas fueron sus últimas entrecortadas palabras, pronunciadas en un último y magistral esfuerzo.

[99] En la década de los años ochenta Rhodes había hecho construir junto al mar y muy cerca de la ladera de la montaña de Ciudad del Cabo, llamada por su curiosa forma Table Mountain, una preciosa casa de estilo holandés. Una gran mansión pensada más como un hotel para sus amigos y familiares que para él mismo; con unos jardines y viñedos que habrían sido la envidia de cualquier noble europeo.

[100] En la edición del día siguiente se puede leer que estaba algo mejor, pero, aun así, su amigo Ruyard Kipling, que lo visitó, no pudo hablar con él.

Cecil Rhodes durante un descanso en la Segunda Guerra Matabele. Él y sus hombres mercenarios participaron activamente en la misma, pero no encontraron las grandes riquezas que buscaban.

reposo absoluto debido a que recientemente había sufrido una angina de pecho (un evento isquémico con probable infarto de miocardio). Según los informes de la época, su corazón había crecido e invadido el espacio pulmonar[101], debido a los múltiples infartos sufridos y a su cardiopatía de base, los cuales habían debilitado su pared ventricular. A partir del 10 de marzo su empeoramiento fue gradual y penoso por un fallo ventricular izquierdo, que retrógradamente afectó a su función pulmonar, provocando un edema que resultó ser fatal. Se cuenta que la mañana de su muerte su amigo Johny Grimner le dijo a Rhodes que tenía mucho mejor aspecto, sin embargo, con gran esfuerzo, Rhodes le contestó: «No chico, este es mi último día».

Rhodes fue un hombre controvertido, visionario, mitómano, cruel, astuto, generoso, masón… pero indiscutiblemente un personaje extraordinario y un gigante de la historia que consiguió para Inglaterra la zona meri-

---

[101] Podemos deducir que Rhodes poseía un corazón muy dilatado, médicamente hablando, una cardiomegalia.

Preparando la tumba en los Matopo para proceder al entierro
de los restos de Cecil Rhodes.

dional de África, y lo que muy pocos hubieran imaginado (con la excepción de Cristóbal Colón, Simón Bolívar…), ni siquiera en sus sueños más ambiciosamente utópicos, un país con su propio nombre cuya extensión abarcaba casi cuatro veces el territorio de Gran Bretaña. Fue enterrado en Rhodesia, en la cima de un paraje que él mismo había bautizado como La Vista del Mundo[102] en los Matopo, muy cerca de la cueva del rey Mzilikazi y que el propio Rhodes visitó en su día adentrándose en ella.

La noticia de su muerte conmocionó a todo el imperio británico y su efecto fue tan solo comparable al impacto del asesinato del general Gordon en Jartum. Alguien llegó a decir que si Rhodes hubiera nacido un siglo antes, Inglaterra jamás habría perdido sus colonias americanas y el Parlamento inglés tendría ahora sede en Londres y Washington. Lo cierto

---

[102] Aunque esta es la traducción literal del original en inglés *View of the World*, en realidad, en la mente de Rhodes es muy posible que estuviera un concepto más grandilocuente, algo así como: el Centro del Universo o la Contemplación del Mundo.

La auténtica historia de *Las minas del rey Salomón*

Cecil Rhodes, el coloso de África.

es que fue el mayor imperialista británico conocido hasta la fecha, superando incluso a Benjamin Disraeli, y con él se perdía la figura más influyente y dominante en el cono sur de África. A lo largo de su vida había ganado numerosos enemigos, desde el también empresario Barnato, pasando por misioneros, parlamentarios laboristas, tanto en la capital del imperio como en Ciudad del Cabo, líderes bóers, el presidente de la Cámara de Comercio de Londres, reyes africanos, el káiser alemán (que lo consideraba un ser despreciable) y un largo etc., pero finalmente sus problemas de salud fueron los únicos que pudieron con él.

UN ADIÓS MULTITUDINARIO

Su ataúd partió en tren desde Ciudad del Cabo en un vagón especialmente preparado para la ocasión y que incluía varias camas para los que acompañaban el féretro, alcanzando posteriormente la ciudad de Kimberley donde un gentío impresionante se acercó para presentar sus respetos al cadáver de un hombre que podía ser amado como odiado en igual proporción, pero cuyos dotes de liderazgo nadie, ni siquiera los afrikáner, hubieran puesto en duda.

Tras la parada técnica, el tren con su cortejo fúnebre partió ahora hacia Mafeking donde decenas y decenas de coronas se sumaron al más del centenar que ya llevaba la locomotora. Después de recorrer 1 300 millas el tren llegó a Bulawayo, capital de Rhodesia, donde las escenas de dolor fueron en algunos momentos desgarradoras. El viaje hasta los Matopo se hizo con la escolta de la policía sudafricana y los Voluntarios Montados de Rhodesia del Sur, con el ataúd que llevaba los restos mortales de Cecil Rhodes sobre una cureña de artillería, seguidos por una larga procesión de autoridades y civiles que superaba las cinco millas de longitud.

En la cima de la colina, el 10 de abril, se habían congregado miles de matabele, incluyendo varios de los *indunas* contra los que Rhodes había combatido en las dos guerras anteriores. Los Matopo era un lugar sagrado para ellos y solicitaron que no hubiera una descarga de fusiles para no asustar a los espíritus, y su petición fue aceptada. Habían acudido para dar un último adiós a quien ellos mismos consideraban —«el hombre que cambió nuestro destino»— y uno de ellos dijo: «Ha muerto nuestro padre».

Para mover la lápida y bajar el ataúd, que llevaba la bandera de la Union Jack encima, se necesitaron 12 bueyes. Entre los presentes estaba uno de los hermanos de Rhodes, oficial del ejército imperial británico y, cómo no, el doctor Jameson. Mientras se cantaban varios himnos evangélicos y el ministro protestante continuaba con el funeral, los *indunas* matabele, como si hubiera sido un rey difunto de su pueblo, sacrificaron 15 bueyes por el luto y para que el espíritu de Mzilikazi y Rhodes se unieran para siempre. Un *induna* elevó un cántico de pésame:

> ¡Baba iNkhosi! (padre y jefe)
> Amigo de todos los viejos indunas
> Al desgarrado matabele
> ¡Los niños de Mzilikazi!
> Otra vez usted ha venido entre nosotros
> Otra vez desarmado le saludamos
> ¡Escúchanos a nosotros, gran iNkhosi!

Según las crónicas periodísticas el momento más emotivo y estremecedor, superando incluso a la lectura del poema que Kipling había compuesto en su honor, fue cuando 3 000 de sus antiguos enemigos, levantando la mano derecha, gritaron por tres veces el saludo de exaltación dado en exclusiva a los grandes reyes: «¡Bayete!».

Su gran empresa sudafricana le sobrevivió hasta 1923 y varias ramificaciones de ella todavía existen. Hoy Cecil Rhodes es un personaje notoriamente incómodo para muchos, pero es indudable que su lugar en la historia tiene un peso enorme, especialmente dentro de la formación y consolidación del imperio británico durante el siglo XIX.

EL FINAL DE LOS OTROS PROTAGONISTAS

No muy lejos de la tumba de Rhodes hoy también descansan los restos de su «mejor amigo» Leander Starr Jameson, el hombre que había intentado arrebatar el Transvaal para Inglaterra. Tras la conquista de Mashonaland, su segunda osadía comenzó el domingo 29 de diciembre de 1895 y terminó el 1 de enero de 1896, cuando sus tropas fueron rodeadas

Cecil Rhodes saluda a Jameson. El primero realizó un largo y complicado viaje para apoyar con su presencia la defensa de Rhodesia.

por los bóers y, al día siguiente, en la granja Doornkop, donde se habían refugiado, se rindieron. Fue el fin de lo que la prensa británica llamó Jameson Ride (la cabalgada de Jameson). Extraditado por Kruguer a Inglaterra, para que fuera juzgado, y se creara lo que se llamó *The Lying in State at Westminster* (la gran mentira oficial de Westminster) que supuestamente era una comisión de investigación para conocer la implicación directa del gobierno británico en la fallida incursión a través de Cecil Rhodes y Hercules Robinson, Jameson, cuyo proceso se convirtió en un impresionante espectáculo mediático de la época, fue condenado a quince meses de cárcel, pero con ello aumentó su reputación política, lo que le permitió convertirse en primer ministro del Cabo en 1904.

Jameson murió en Londres un año antes de que terminara la Primera Guerra Mundial. Su última voluntad era muy clara, trasladar sus restos mortales y situarlos lo más cerca posible del hombre que lo había sido todo para él. Otro monumento se levantó en el lugar, en este caso exhumando los restos en 1905 de los hombres de la patrulla del río Shangani, con grabados sobre la batalla, convirtiendo estas tres sepulturas en lugar de peregrinación para los blancos racistas que añoran el país que conocieron o les han contado.

John Grootboom, el nativo del Cabo, que entregó el mensaje de Jameson que invitaba a la rendición a Lobengula y que posteriormente acompañó a Baden Powell en varias incursiones y finalmente llevó un mensaje de Rhodes a los cabecillas matabele, recibió un caballo como pago por sus excelentes servicios, a pesar de que se le ofrecieron otros presentes que él no quiso coger, y desapareció. Nunca más se supo de él.

Selous, rodeado de una enorme fama mundial gracias a Haggard y a su propio fusil, y con el sobrenombre de El Gran Cazador Blanco, acompañó al presidente de los Estados Unidos Theodore Roosevelt durante su visita a África como cazador[103] y nació una gran amistad

---

[103] La cacería de Roosevelt de 1909, por tres países africanos, todavía hoy es considerada como uno de los mayores safaris de la historia. De manera directa estuvieron involucrados más de tres centenares de personas y se piensa que por la mira de los rifles y escopetas de Roosevelt pasaron centenares de animales de caza mayor incluyendo antílopes, jirafas, elefantes, leones, etc. En Uganda un león estuvo a punto de acabar con la vida del presidente de los Estados Unidos después de que el animal no fuera derribado hasta el tercer disparo.

Fredercik Selous (el gran Allan Quatermain), fotografiado a los sesenta y tres años. Su nombre sigue siendo toda una institución en el mundo de la caza mayor.

entre ambos hombres (Roosevelt decía que Selous era uno de los tipos más fascinantes e interesantes que había conocido en su vida). Alternó la vida como cazador profesional con el trabajo que le encomendaba el Museo de Historia Natural de Londres. Practicó la caza en Asia, Canadá, etc., pero al final África le tenía atrapado completamente y regresó una vez más. Al estallar la Primera Guerra Mundial ofreció sus servicios, pero dada su ya avanzada edad se desestimó, aunque unos meses más tarde aquellos mismos que le habían descartado fueron en su búsqueda sirviendo finalmente como capitán en la campaña africana, con sesenta y cinco años de edad, en el 25º Regimiento de los Fusileros Reales. Combatió en Tanganica, Kenia y finalmente recibió un tiro en la cabeza, junto al río Rufiji, que le mató en el acto, por un francotirador alemán el 4 de enero de 1917[104]. Su hijo, un joven teniente de veinte años, moriría poco después en suelo europeo al frente de sus hombres durante el asalto a una trinchera enemiga. Selous recibió la Orden de Servicios Distinguidos un año antes de su muerte y fue galardonado por la Royal Geographical Society. Su nombre es todavía una institución en el mundo de la caza mayor. Varios de sus libros, al menos cinco de ellos (de nueve en total) fueron un *best seller*, y todavía continúan reeditándose con gran éxito de ventas. Publicó una gran cantidad de artículos para revistas como cazador y conservacionista convencido. Actualmente, en Tanzania, una de las más grandes reservas de caza, con 60 000 km², lleva su nombre, y es la zona donde más concentración de elefantes por kilómetro cuadrado se registra en el continente negro.

Muy a su pesar, Maurice Gifford se convirtió en el centro de un intenso debate, en el Parlamento británico, sobre la manera y forma en que los heridos matabele eran rematados por los shonas que estaban a su mando. La oposición acusó directamente a británicos como Gifford de ser los autores materiales de estos crímenes, matando a prisioneros matabele e incendiando sus hogares en compañía de otro hombre llamado Burnett, lo que generó una controversia posterior sobre el número de muertos en los combates, la proporción de los heridos, y sobre cuántos realmente de los que habían sobrevivido habían sido

---

[104] Bismarck envió un telegrama de pésame a la viuda de Selous.

Maurice Gifford, valiente entre los valientes, salvó a numerosos colonos de ser asesinados por los rebeldes matabele. En una de las escaramuzas fue herido por un disparo y se le tuvo que amputar el brazo izquierdo.

atendidos en hospitales, como el existente en Bulawayo. Después de reconocer que no se debía acusar a un hombre que hasta ese momento era por encima de cualquier otra cosa un héroe, se realizó una investigación, y varias semanas después el propio secretario de Estado para las Colonias dio una explicación:

> El señor Gifford cruzó el río Shagani el 24 de octubre en una misión de exploración, llegando a encontrarse a poca distancia del *kraal* amistoso Makalaka, después procedió a media milla de otro *kraal,* desmontando para que descansaran los caballos. Al acercarse a la choza Burnett fue disparado, cayendo su rifle al suelo. Gifford se acercó para ver si el hombre había escapado, los matebele se negaron a evacuar la choza y siguieron disparando, por lo que en legítima defensa disparó, matando a los matebele en el momento de disparar de nuevo con el rifle de Burnett.

Las explicaciones dadas en el Parlamento finalmente fueron aceptadas y Gifford continuó con su vida, se enamoró de la hija de un compañero oficial y se casó con ella el 21 de septiembre de 1897. Ese día, su ya esposa Marguerite Thorold recibió un regalo curioso, una bala recubierta de oro, la misma que le había provocado que le amputaran el brazo izquierdo. Participó en la Segunda Guerra Anglo-Bóer y estuvo entre los triunfantes hombres que rompieron el asedio de Mafeking. El resto de su vida desempeñó importantes puestos ejecutivos para diferentes compañías británicas con intereses en África. Murió el 1 de julio de 1910.

Diez días después de la inauguración de la llegada del ferrocarril a Bulawayo, concretamente el 14 de noviembre de 1897, en la propia estación, *lord* Milner, gobernador de la provincia del Cabo, procedió a colocar la Cruz Victoria a Herbet Henderson como reconocimiento a su valor por rescatar a un compañero herido, primero bajo fuego enemigo y posteriormente escapar de la persecución de la que fueron objeto durante dos días. Henderson siguió viviendo en Rhodesia, en su propia hacienda cerca de Bulawayo, hasta su muerte acontecida el 10 de agosto de 1942 a los setenta y dos años. Hace tan solo dos años los familiares of Henderson, concretamente una de sus nietas, donó su Cruz Victoria al Museo Nacional del Ejército de Londres.

Patrick William Forbes jamás volvió a ser el mismo tras la muerte de Wilson y sus hombres en Shangani. Regresó a Bulawayo y cuando la guerra terminó decidió acompañar a su hermano Eutace a Londres, para que terminara de recuperarse de una herida de bala de la que parecía no mejorar. Durante el regreso, al cruzar el caudaloso río Limpopo, la fuerte corriente arrastró a Eustace delante de Patrick, quien no pudo evitarlo, y su hermano se ahogó. Nunca más volvió a ser el mismo. El estigma de su actuación con la patrulla le atormentó como una pesadilla hasta su muerte acontecida en 1922. Hasta ese momento siempre mantuvo que Burnham no era el héroe que todos creían y se mostró convencido hasta el final de que el americano y sus dos acompañantes simplemente aprovecharon una oportunidad para desertar y escapar de una muerte segura.

Burnham, a pesar de lo que opinara Forbes sobre su actuación en Shangani, lo cierto es que contribuyó decisivamente a la finalización de la Segunda Guerra Matabele al matar personalmente a quien se suponía que era el más invulnerable de todos los guerreros. La muerte de su hija en Bulawayo y la conclusión de la campaña fueron motivos suficientes para convencerle de que había llegado el momento de regresar a los Estados Unidos, pero antes Rhodes mantuvo con Burnham, en presencia de Jameson, una interesante entrevista. Durante la misma, Rhodes le agradeció sus grandes servicios prestados en las campañas: «Yo me congratulo por haber encontrado a un hombre de valor y calidad excepcional».

Las alabanzas continuaron para Burnham, ya que Rhodes recordó unas palabras de Jameson en las que decía que si él hubiera tenido a tan solo 10 hombres como él la guerra habría terminado en la mitad de tiempo. Para un hombre como Rhodes era un desperdicio que Burnham regresara a los Estados Unidos e intentó convencerle a toda costa de que se quedara junto a él, pero Burnham no era un hombre que se dejara comprar y entonces dijo:

> Aprecio el honor de su oferta, pero luché para defender las vidas de las personas, no para promover los intereses comerciales de una empresa.

Cualquier otro que hubiera respondido de esta manera a Rhodes habría comprobado de inmediato la furia de un hombre temperamental, muy poco acostumbrado a que alguien le llevara la contraria y como su tono de voz engolado y pausado era capaz de convertirse de golpe en

La auténtica historia de *Las minas del rey Salomón*

El explorador Burnham durante la Guerra Anglo-Bóer.

un trueno, pero de alguna manera Rhodes admiraba al *pequeño americano*, como él lo llamaba, y levantándose extendió su mano a Burnham contestando: «Yo admiro su honestidad. No tendré en cuenta este comentario».

Rhodes salió de la habitación, pero antes puso un sobre cerrado en el bolsillo de Jameson para que el doctor lo entregara a Burnham y dijo:

> Puede que no acepte un sobre de la Compañía Británica de África del Sur, pero sí de Cecil Rhodes. Deme un año y él estará hablando el inglés de la reina.

Tras un breve periodo en California, embarcó con destino a Alaska donde participó en la fiebre del oro en el territorio limítrofe con Canadá, el celebre Yukón de las novelas de Jack London. Allí recibió la invitación de Roosevelt de unirse a la guerra contra España, pero cuando llegó, y para su pesar, ya había finalizado con la victoria de los Estados Unidos.

Su siguiente oportunidad de prestar servicios fue durante la Segunda Guerra Anglo-Bóer donde *lord* Roberts le ofreció el cargo de jefe de los exploradores; siendo apresado en una ocasión y escapando de sus captores al simular que estaba herido. Por sus servicios durante la guerra le otorgaron la medalla de servicio distinguido. Posteriormente continuó en África realizando varias exploraciones y regresando más tarde otra vez a los Estados Unidos donde trabajó en varias empresas mineras y para las iniciativas conservacionistas del presidente Roosevelt. Invirtió una parte de sus ahorros en crear una empresa de extracción de aceite, con mucho éxito, y también se dedicó a la arqueología en México. Mantuvo su gran amistad con Baden Powell a quien ayudó a la introducción de los *boy scouts* en los Estados Unidos. Murió el 1 de septiembre de 1947 en California después de una vida impresionante y llena de aventuras.

La vida de John Jacobs, el intérprete de Lobengula, se convirtió tras la muerte del rey en un infierno. Se decía que él, junto con varios *indunas*, había ocultado en la selva el tesoro del rey valorado en mucho más de dos millones de libras de las de entonces. Aquellos que siguieron siendo fieles al viejo orden que habían conocido lo pasaron muy mal en la nueva Rhodesia, y Jacobs fue uno de ellos, siendo expulsado del país junto a su familia, al menos en dos ocasiones. Si el tesoro de Lobengula existió de verdad alguna vez es difícil saberlo, Jacobs alimentaba la historia acompañando a «buscadores de tesoros» todas las veces que se lo pedían, aunque curiosamente cada vez daba un lugar distinto donde buscar. Antes de morir en 1930 reconoció que el rey fue para él un gran hombre y…

> … yo recuerdo bien cuándo él enterró su tesoro, cómo nosotros salimos con él y los carros, cómo nosotros viajamos una gran distancia y por fin llegamos al lugar. El tesoro se enterró en un gran agujero.

Jacobs dijo que esa misma noche Lobengula mandó matar, mientras dormían, a todos los que participaron, menos a Jacobs. Con su muerte se perdió la oportunidad de saber si la historia es verdad, pero, de ser cierto, en alguna parte al sur del río Zambeze se esconde uno de los tesoros en oro y diamantes sin tallar cuyo valor al cambio actual podría superar los 200 millones de euros.

Baden Powell se llevó de Rhodesia como recuerdo el cuerno de un kudu, uno de los mayores antílopes de África que puede alcanzar el metro y medio de altura a la cruz y superar los 300 kilos de peso, que había recogido como un *souvenir* después de uno de los enfrentamientos contra los matabele, muy cerca del río Shangani, en el bosque Somabula, y que estos lo usaban, una vez preparado para ello, para llamar a sus hombres a la batalla. El cuerno se hizo tan famoso como el mismo Baden Powell que, para deleite de aquellos que lo solicitaban, lo hacía sonar en situaciones especiales y desde entonces se convirtió en uno de los símbolos de los *boy scouts.* Su brillante actuación en el largo sitio de la ciudad de Mafeking (217 días) le ganó el respeto de los militares y de la propia reina Victoria, quien más tarde le felicitó personalmente por su talento y liderazgo siendo ascendido a general. Abandonó la vida militar en 1910 y dos años más tarde se casó con Olave Soames a quien describió como la mujer perfecta, llena de vitalidad y más aventurera que él. Antes de su muerte, acontecida en Kenia el 8 de enero de 1941, Robert Baden Powell escribió más de 30 libros, entre ellos uno dedicado a la campaña matabele. Es indudable que su figura tiene una gran importancia, digna de admiración para decenas de miles de niños y jóvenes de varias generaciones del movimiento juvenil impulsado por

Baden Powell vistiendo el traje de gala del regimiento de húsares al que pertenecía. La Segunda Guerra Matabele, como antes le había ocurrido en 1887 en la Segunda Guerra Zulú, le permitió demostrar sus altas cualidades como explorador.

él, pero no es menos cierto que su vida tiene algunas sombras, muy especialmente durante su participación en la última fase de la guerra de 1896-1897, y que por supuesto se encargó de omitir en su libro.

Tras la finalización con éxito de la Segunda Guerra Matabele, el general Frederick Carrington regresó a Inglaterra, aunque no tardaría en pisar nuevamente suelo africano. Con el inicio de la Segunda Guerra Anglo-Bóer, y ya como teniente general, se le ordenó regresar a Rhodesia y tomar el mando de una fuerza imperial que aglutinaría elementos paramilitares y fuerzas regulares para ejercer presión desde el río Limpopo. Las tropas que recibieron orden de concentrarse en Rhodesia, a la espera de la llegada de Carrington, tuvieron que permanecer en los buques durante varias semanas sin poder desembarcar en la costa de Mozambique en abril de 1900. Portugal no quería inmiscuirse en el conflicto de sus vecinos, y desde Lisboa se dieron órdenes precisas en ese sentido, pero finalmente la diplomacia dio sus frutos y en mayo la infantería imperial británica pisó el suelo de África. Carrington tuvo una brillante actuación durante el conflicto y cuando este terminó se retiró del ejército. Murió en Cheltenham el 22 de marzo de 1913.

El reverendo Robert Moffat regresó a Inglaterra en 1873 dejando la misión de Kuruman. El día de su despedida miles de nativos se congregaron en torno a su persona rogándole que no se marchara, mientras se producían escenas de una profunda emoción. Moffat se despidió de ellos subido a un carro y diciéndoles que mucho de él se quedaba para siempre en África, entre otras cosas los restos de su amada esposa y una de sus hijas. Fue recibido en Londres, en medio de un gran entusiasmo. Los siguientes años, a pesar de su edad, siguió predicando en las iglesias y dando conferencias sobre sus experiencias africanas; su testimonio fue decisivo para mantener viva la llama de las misiones como así lo reconoció La Sociedad Para La Propagación Del Evangelio. El propio primer ministro Eduard Gladstone le invitó en una ocasión a su propia casa para escucharle personalmente, igualmente recibió una invitación desde Francia, a la que acudió encantado, para narrar sus vivencias en la extensión del Reino de los Cielos. Una de las experiencias más curiosas de las últimas semanas de su vida se produjo cuando el rey zulú Cetshwayo KaMpande visitó Londres. Moffat no hablaba el zulú puro, pero sí las derivaciones del matabele y el sechwana que eran lenguas bantúes, por lo que pidió entrevistarse con el por entonces destronado rey zulú. Cetshwayo, que era un profundo seguidor de la historia de su nación, sabía perfectamente quién era Moffat, al que ellos erróneamente llamaban Moshete, y el contacto que había tenido con Mzilikazi. La alegría del rey zulú, que lo último que podía imaginarse es que iba a encontrarle tan lejos de su tierra, fue ilimitada, y como si no llegara a creérselo una y otra vez le preguntaba, con ojos radiantes: «¿Pero es usted Moshete? Mis ojos nunca hubieran dicho que iban a contemplar a Moshete».

Por espacio de más de dos horas estuvieron hablando sobre el pueblo zulú y lo que ambos conocían sobre la vida de Mzilikazi y lo sorprendente que era para los zulúes que, en ese momento, el reino fundado por él todavía estuviera en pie. Antes de marcharse Cetshwayo le rogó que en la medida de lo posible intercediera por él en la oficina colonial, ya que no le habían dejado más opción que luchar al ser invadida su tierra.

A principios de agosto de 1893 Moffat comenzó a sentirse algo indispuesto, pero a pesar de ello su pasión por la salvación de los hombres seguía siendo tan alta que a pesar del profundo cansancio que tenía seguía predicando, pero el día 7 ya se encontraba muy agotado, hasta el punto de que casi no tenía fuerzas para sujetar su Biblia, y pidió entonces que le leyeran pasajes del Nuevo Testamento y el Salmo 103. Murió el 10 de agosto de 1883, tenía ochenta y ocho años.

Mjaan, el gran *induna* de los *impis* matabele, se dice que lloró amargamente cuando supo de la muerte de Rhodes. Él había nombrado tutor de sus hijos a Rhodes y comprendió que con la muerte del gran líder de los blancos sus posibles privilegios desaparecieron, al igual que el amparo que hasta ese momento tenían los descendientes de Lobengula. A pesar de ello, cada 10 de abril, sacrificó un toro en honor de su admirado enemigo. Murió en 1907 y tuvo al menos la satisfacción de saber que, un año antes, sus parientes los zulúes se habían vuelto a levantar en armas contra el dominio opresor del hombre blanco, aunque resultara trágicamente infructuoso. Su escudo y su *iklwa* se guardan en el Museo Nacional de Zimbabwe.

Epílogo
Zimbabwe, la tierra actual de *Las minas del rey Salomón*

> Llevamos los diamantes al mejor joyero de Londres, a casa de Streeter. Y casi me da vergüenza decir en qué cantidad la evaluaron. ¡Es una suma fabulosa!
>
> *Las minas del rey Salomón*

Haggard continuó escribiendo tras su enorme éxito editorial de *Las minas del rey Salomón* y con casi 90 libros dejó un legado que todavía permanece. Lamentablemente su vida personal no fue comparable al éxito de sus novelas ya que su primera esposa, a la que amaba profundamente, falleció y también, apenas unos años más tarde, John, su primogénito. Haggard quedó sumido en una profunda depresión que desapareció en parte al contraer segundas nupcias y rehacer su vida sentimental. Con ello volvió a recuperar su pasión literaria, pero el recuerdo de su primera esposa y de su hijo de alguna manera se trasladó a sus obras. Asesoró activamente a varios gobiernos británicos tanto en asuntos internacionales como internos. Se le concedió el título de *sir* en 1912 y por sus servicios se le concedió el título de Caballero de la Gran Orden del imperio británico. Murió el 14 de mayo de 1925 lleno de honores y reconocimientos, pero antes, en 1907, tuvo al menos la satisfacción de saber que:

> Ahora, en 1907, con motivo de la cuestión de esta edición, solo puedo mostrar lo feliz que me siento por seguir gozando del favor de tantos lecto-

res. La imaginación ha sido corroborada por la realidad; *Las minas del rey Salomón,* con las que soñé, han sido descubiertas, y, según los últimos informes, mostrando su oro una vez más y los diamantes también; los kukuanas, o más bien los matabele, han sido sometidos por las balas del hombre blanco, y todavía parece ser que muchos encuentran satisfacción en estas sencillas páginas. Que ello pueda continuar, hasta la tercera y cuarta generación, quizá incluso más lejos todavía, estoy seguro que sería la ilusión de nuestro viejo amigo difunto Allan Quatermain.

Lo cierto y verdad de toda esta historia fue el destino final de las fuerzas veteranas de la campaña matabele de 1896 (y de la revuelta de los shonas del año después), las cuales prestaron sus servicios nuevamente en la guerra contra los bóers, especialmente en la liberación del sitio de Mafeking (entre ellas la unidad de Policía Montada de Mashonaland). Tras la finalización del conflicto, los hombres de Rhodes formaron el embrión de la policía estatal bajo la supervisión del gobierno imperial y se llamó oficialmente, en 1909, Policía Montada de Rhodesia.

LA PARTICIÓN DEL PAÍS

En 1911 el territorio se dividió en Rhodesia del Norte (actualmente Zambia) y Rhodesia del Sur. Rhodesia del Sur se convirtió desde entonces en uno de los países más prósperos de África, aunque bajo la dominación blanca que consideraba a los negros ciudadanos de segunda clase, como ocurría con el *apartheid* de la República de Sudáfrica donde se aplicaba la separación de razas.

Al comenzar la Primera Guerra Mundial, la policía paramilitar de Rhodesia sirvió en la campaña africana. Es fácil imaginar la Gran Guerra de 1814-1818 como una guerra de trincheras y alambradas, y a miles de hombres muriendo en *tierra de nadie* en los campos de batalla europeos. Sin embargo, el conflicto, también tuvo su versión en la sabana africana, menos conocida, pero igualmente sangrienta, entre los territorios que pertenecían al dominio alemán y británico y donde dos regimientos de los Fusiles de Rhodesia, uno de ellos compuesto por nativos, tuvieron un amplio despliegue. En 1939-1945 Rhodesia parti-

Una mina sudafricana a finales del siglo XIX. Cuando los primeros diamantes fueron descubiertos en Kimberly, el propio Paul Kruger dijo: «Esto es el principio de muchas desgracias». Llevaba razón, incluso para los matabele, que vieron cómo su tierra les era arrebatada por la codicia del hombre blanco.

cipó igualmente en la Segunda Guerra Mundial aportando hombres al batallón sudafricano y tres escuadrones para la RAF.

El 11 de noviembre de 1965 el racista blanco Ian Smith proclamó la independencia de Rhodesia del Reino Unido, convirtiéndose en su primer ministro[105]. El 16 de abril de 1966 los shonas del ZANU (Unión Nacional de Zimbabwe) y los matabele de Joshua Nkomo del ZAPU (Unión Popular Africana de Zimbabwe) volvieron a levantarse contra la dominación blanca en una guerra de guerrillas. Fue una campaña brutal en la que el gobierno blanco presentó a los guerrilleros como terroristas, mientras que estos se veían a sí mismos como libertadores. Una guerra en la que estaba presente la tecnología del momento, como helicópteros de combate, pero también la imagen curiosa de tropas blancas desplazándose a caballo, como un siglo atrás hicieran el Cuerpo de Pioneros, salvo que esta vez los Martini-Henry fueron reemplazados por armas de asalto automáticas.

Las incursiones en Rhodesia del Sur desde Zambia, e incluso desde la frontera con Mozambique, crecieron en intensidad con el apoyo de Sudáfrica para Rhodesia y de la Unión Soviética, Libia, China y Tanzania para las fuerzas de los insurrectos. Las acciones de sabotaje, por un lado, y de represalias, por el otro, permanecieron incluso después de que en el año 1976 Smith se viera obligado a firmar en Ginebra un acuerdo que permitiera un gobierno negro de transición, formado por los cabecillas del Frente Patriótico (resultado de la unión del ZAPU y el ZANU) y con presencia blanca en el Parlamento.

---

[105] Rhodesia fue uno más entre los países de influencia británica que evolucionó hacia la independencia de manera metódica gracias, entre otras cosas, a que Inglaterra no estaba dispuesta a asumir una reacción anticolonialista militar como hizo Francia con Argelia. El África occidental británica estaba compuesta por Costa de Oro (actualmente Ghana, que se convirtió en el primer país en concedérsele la independencia por parte de Inglaterra de manera pacífica), con Nigeria, Sierra Leona y Gambia. En el África oriental británica, que eran los territorios de Zanzíbar, Uganda, Kenia y la llamada Somalia británica, la transición fue sangrienta. El ejemplo lo dio el movimiento terrorista Mau-Mau que asesinó en Kenia a numerosos europeos y que consiguió el camino de la independencia en 1963. El África Austral británica era hasta ese momento los protectorados de Rhodesia del Norte y Sur, ya que la Unión Sudafricana se había separado de la Commonwealth, cuatro años antes, y era un país soberano que se llamaba la República de Sudáfrica.

LA INDEPENDENCIA

Para muchos la victoria final no se alcanzó hasta el 16 de abril de 1980. Dos días después, y ante la presencia del príncipe Carlos de Inglaterra, el país pasó a llamarse oficialmente Zimbabwe (grandes casas de piedra), declarándose una república parlamentaria integrada en la Commonwelth, y la capital, Salisbury, se llamó ahora Harare[106].

Robert Mugabe ganó las primeras elecciones libres el 18 de abril de 1980 e inmediatamente disolvió el ejército creando una nueva fuerza que integraba a la mayoría de los líderes militares que habían luchado bajo su mando. Fue el primer paso para que los oficiales blancos empezaran a abandonar el país y se trasladaran a la vecina Sudáfrica, donde algunos de ellos ofrecieron nuevamente sus servicios en la campaña de Namibia. El ejército actual absorbe la mayoría del presupuesto del Estado y, entre 1998-2002, 10 000 de sus efectivos combatieron en el Congo aumentando con ello la penuria económica de Zimbabwe.

Igualmente el resto de los blancos, 16 000 de ellos eran granjeros de una población blanca de 220 000, que tenían bajo su explotación directa más de 15 millones de hectáreas de la mejor tierra, comenzaron una lenta diáspora hacia los países anglosajones (en los cinco últimos años más de 42 000 de estos han abandonado el país, dejando atrás sus propiedades ante los continuos ataques violentos a sus granjas y haciendas que quedan impunes).

Actualmente Zimbabwe es, junto a Sudáfrica, Brasil, Sudán, Irak, Afganistán, Pakistán y Somalia, uno de los países más peligrosos del mundo. Tiene un índice altísimo de infección por VIH, que afecta a más del 30% de la población, y Robert Mugabe es un dictador que ejerce una férrea política de expropiación de tierras a los blancos, junto a la extorsión, y una permanente corrupción que ha hundido al país en la miseria. Suyas son estas palabras:

---

[106] El cambio de nombre tenía una enorme importancia, primero porque desde 1901 Salisbury era el centro administrativo del territorio controlado por la Compañía Británica de África del Sur, y, segundo, porque las personas negras tenían terminantemente prohibida su entrada, pero alrededor de la ciudad fue creciendo un suburbio habitado íntegramente por nativos al que llamaban Harare.

> Esta tierra en nuestra. Esto no es Europa y la hemos tomado; dándola a su legítima gente. Aquellos de condición blanca que quieran ser de este país y cultivar la tierra serán bienvenidos si aceptan esto, pero ellos deberán hacerlo sobre la base de la igualdad.

El Dorado soñado por Rhodes y Haggard en *Las minas del rey Salomón* nunca existió en la gran proporción que ellos se imaginaron en la tierra conquistada, a diferencia del Estado Libre de Orange, el Transvaval o las grandes minas de Kaap, donde en algunas de ellas llegaron a trabajar hasta 10 000 personas. En Kaap, tan solo en el año 1892 las minas produjeron 287 782 onzas. A 35 millas al sur de Pretoria, en las colinas Witwatersand, la antiguas tierras de pastos y sus granjas se vendían a más de 70 000 libras de la época a los prospectores. En Johannesburgo entre 1882 y 1992 la industria del oro movió la impresionante cantidad de 2 429 694 onzas, casi diez millones de libras esterlinas. Los diamantes de Kimberley y sus más de 21 minas produjeron entre 1871 y 1996 casi tres toneladas. Las cifras de Rhodesia no fueron en cuanto al oro y los diamantes ni el 3% de esas cantidades, pero la tierra escondía «otros tesoros» y se extrajo en gran cantidad carbón, cobre, níquel, cromo, amianto y estaño. Los campos de algodón, tabaco (que antes estaban excelentemente gestionados por los blancos), maíz, café, azúcar, la minería, el turismo y el mundo de la caza mayor siguen siendo la mayor fuente de ingresos del país que se enfrenta todos los años a una inflación anual desbocada y rampante, sin duda la más alta del mundo, con datos de más de dos millones por ciento y que, tarde o temprano, provocará, entre otras cosas, hambruna, la ruina del país o, lo que es peor, una abierta guerra civil. La última locura de Mugabe ha sido un billete de 100 000 millones de dólares de Zimbabwe (al cambio, menos de 20 €).

CONSEJOS PARA VISITAR ZIMBABWE

Para los que quieran visitar Zimbabwe, que tiene actualmente casi 400 000 km^2 (siendo la frontera norte el río Zambeze y la frontera sur el río Limpopo), lo más impresionante del país es el recorrido hasta las cataratas Victoria, descubiertas en 1855 por David Livingstone, con su espectacular salto de agua que provoca un ruido impresionante y que es una de las maravillas de la naturaleza que pueden ser recorridas a pie, en barcaza y en avioneta para los más privilegiados. Las cataratas tienen casi 2 000 metros de longitud y algo más de 100 metros de caída, cuyo estruendo del agua al precipitarse desde las alturas es escuchado a decenas de kilómetros levantando una nube de vapor visible también a considerable distancia. En lengua shona el nombre de las cataratas es Mosi oa Toenja (el humo que truena). Si se viaja en un coche de alquiler, hay una carretera que lleva directamente hasta las cataratas Victoria y también el tren que se dirige a Zambia hace una parada en las cercanías.

El clima del país, salvo durante la estación de las lluvias que abarca los meses de verano del África Austral de noviembre a diciembre, es templado, aunque las noches son particularmente frías. Varias compañías aéreas ofrecen vuelos regulares con salida desde Europa, siendo las más recomendables por su calidad British Airways, KLM e Iberia, esta última con salida desde Madrid hasta Harare con escala en Johannesburgo (el vuelo es de unas 10 horas hasta Johannesburgo y luego hay un trayecto adicional de dos horas en otro avión). Al llegar al aeropuerto necesitaremos un taxi o furgoneta para llevarnos a la ciudad que está a unos 12 km. Es imprescindible el pasaporte y se recomienda la vacuna contra la malaria, el tifus, tétanos y la hepatitis B.

En la gastronomía típica encontraremos la influencia bóers en la zona con el *biltong* (carne seca) y por supuesto la carne de caza perteneciente a impalas, kudu, etc., (se recomienda no tomar verdura cruda ni beber agua no embotellada). Los restaurantes tienen un horario fijo de apertura y cierre: 12:00–14:00 y 18:00–22:30 (los restaurantes de los hoteles tienen un horario diferente). La diferencia horaria con España es de dos horas menos dependiendo de la época del año. En Bulawayo podemos visitar el Museo Nacional, donde encontraremos a todos los protagonistas de este libro, incluyendo el viaje a los Matopo para ver la tumba de Rhodes, y en Harare, la Galería Nacional de Arte de Zimbabwe.

Más de un siglo después de que acabaran las guerras con el hombre blanco, los shona, que representan el 70% de la población, y los matabele, el 20%, continúan con sus antagónicos enfrentamientos tribales que cada año le cuesta la vida a centenares de personas. Especialmente célebre por su crueldad, y por estar compuesta íntegramente por shonas, es la 5º Brigada de Infantería del ejército de Zimbabwe que desde la década de los años ochenta ha cometido contra los matabele continuos crímenes, una limpieza étnica destinada a castigar las humillaciones sufridas durante el siglo XIX[107].

---

[107] La comunidad internacional ha denunciado sistemáticamente estos crímenes donde pueblos enteros matabele han sido borrados literalmente del mapa después de continuas violaciones, asesinatos de niños indefensos y horribles torturas a los hombres. El arzobispo anglicano Desmond Tutu ha sido una de las voces que se han levantado contra Mugabe y sus hombres por sus atrocidades pero, incomprensiblemente, el gobierno sudafricano apoya a este genocida.

Anexos

Lista de bajas de la patrulla del río Shangani

Mayor: Allan Wilson.
Capitanes: Freddie Fitzgerald, Harry Greenfield, William Judd, Argent Kirton, Henry Borrow.
Tenientes: Arend Mofmeyer, George Hughes.
Sargento mayor: S. Harding.
Sargentos: C. Bradburn, H. Brow, W. Birkley, H. Money.
Cabos: F. Colguhoun. H. Kinloch.
Soldados: H. Robertson, H. Heller, J. Robertson, E. Welby, Abbot, W. Bath, W. Britton, E. Brock, L. Dewis, A. Dillon, E. MacKenzie, M. Meiklejohn, L. Num, A. Thompson, S. Tuck, F. Vogel, H. Watson, T. Watson.

Bajas durante la rebelión matabele de 1896-1897

Aunque las cifras varían según las fuentes consultadas, la más probable de todas sería la siguiente:

Colonos asesinados en Matabeleland: 140. Colonos asesinados en Mashonaland: 118. Bajas entre las tropas nativas aliadas: (desconocido, pero se estima en un centenar). Bajas entre las tropas coloniales blancas: 70 muertos y 45 heridos. Bajas entre las tropas imperiales: 22 muertos y 64 heridos (de ellos 14 eran oficiales). El número de haciendas y minas asaltadas, saqueadas, destruidas o incendiadas fue de más de 450.

No hay ninguna cifra exacta sobre el número de guerreros muertos en acción durante las dos fases de la guerra, pero se calcula que entre los matabele murieron entre 1 500 y 2 500 guerreros (significativamente la mayoría de las bajas se produjeron entre los regimientos formados por los descendientes de los zulúes). Entre los shonas las bajas estimadas están entre 600 y 900 guerreros.

Crónicas periodísticas de la época

Al igual que ocurría en Gran Bretaña donde dos periódicos ilustrados del siglo XIX, el *Illustrated London News* y *The Graphic*, se disputaban la hegemonía de este tipo de periodismo, que durante varias decenas de años marcó la pauta visual a las crónicas, tanto externas como internas, en España los periódicos *La Ilustración Española y Americana* y *La Ilustración Ibérica* mantuvieron también su particular pugna no solo para ver quién era el primero en publicar, sino también ideológicamente. Mientras *La Ilustración Española y Americana* tenía un marcado carácter conservador, opuesto a la expansión británica y muy antisemita, *La Ilustración Ibérica,* editada en Barcelona, era en líneas generales un periódico más liberal y plural. En el caso de estos periódicos-semanarios ilustrados españoles, la conquista de Rhodesia, como antes ya había ocurrido con la Guerra Zulú de 1879, tuvo un importante seguimiento en editoriales, artículos de opinión, crónicas y bellísimas ilustraciones. Como un ejemplo de esto he querido anexar algunos de los artículos originales, a pesar de que desde la perspectiva histórica se detectan algunos errores, respetando el lenguaje, gramática, estilo y expresiones propias de la época.

Carlos Roca

LA ILUSTRACIÓN ESPAÑOLA Y AMERICANA

N.º XLIII
22 de noviembre de 1893
Matabeleland

La voracidad de la política colonial inglesa continúa insaciable asimilándose nuevas presas, como la del Matabeleland en el Sur de África, y enfurruñándose soberbia presunción de que otra nación cualquiera pueda extender en algunos metros su dominio, como, por ejemplo, nosotros, en el norte del Continente Negro... Y quien tanto ha absorbido y ha tragado ¿tiene derecho á poner el veto, *¡I forbid!* á nadie? ¿Es que se lo apuesta á sí misma, deteniéndose en sus ambiciones coloniales? Responda el mísero rey de Matabeleland, el fugitivo de Lobengula, que nadie sabe á estas horas dónde para.

El espíritu absorbente dominador está infiltrado hasta la médula de los huesos en todos los hijos del pueblo inglés, lo mismo en los archimillonarios duques y lores, que en el más absoluto oscuro tendero de la City. La historia del héroe de la campaña actual de Matabeleland lo prueba. Hace veinticuatro años salió de Londres, confundido entre la turba de chicos que iban á trabajar á la ciudad de El Cabo, uno de tantos, que tenía entonces dieciséis, y que se llamaba Cecil Rhodes. Rodando de tienda en tienda anduvo por allá, entre hortera y machacante, y en 1883 aun despachaba en un almacén de la ciudad de Kimberley, límite de la línea férrea de El Cabo a las repúblicas de Orange y de Transvaal, en lo más septentrional de los dominios ingleses. Cuéntase que estando con varios colegas suyos de mandil, y teniendo extendido ante el mostrador un mapa de África, trazó con el dedo, sobre él, una línea de Oeste á Este, por encima de la región de los Matabele, siguiendo casi el curso del Zambeze, y les dijo; «¡Es preciso que hasta aquí llegue la dominación británica!»

Y aquel muchacho es hoy el director de la Compañía Sur-Africana, el inesperado aventurero, *smosbroom aventurer,* como le llama el *Daily Chronicle,* el hombre del día entre los ingleses, el que trata de apoderarse del Matabeleland, después de haber derrotado al rey Lobengula. Quiere decir, pues, que Mr. Cecil Rhodes ha realizado su profecía del despacho de Kimberley. Repartida el África entre los hebreos políticos modernos, como entre los antiguos lo fue la túnica del justo, se convino entre Inglaterra, Alemania y Portugal; en 1885, 90, y 91, que el inmenso país central del Zambeze inglés tuviera por límite el Congo portugués, el Congo independiente, las comarcas de Kazanjo y Mgni, el África oriental alemana, el Mozambique de los portugueses, las repúblicas del Sur, la colonia del Cabo y la Damara y Namkana ú Hortentocia de los alemanes, esto es, como quien no dice nada, el espacio comprendido entre 15 grados de longitud y 20 de latitud. Dentro de esta dilatadísima zona comprendida, porque si en la esfera de la influencia británica estaban y están el Matabeleland y el Mashonaland, de cuyos estados es rey el referido Lobengula, con unos 250 000 habitantes y una masa armada de 15 000 arqueros, como los que, salvo el color y la ropa, tomaron a Viseo hace siete siglos. La Compañía Surafricana fue autorizada por el Gobierno de Inglaterra, en octubre de 1889, para ir civilizando aquello, ya que estaba bajo su influencia, y para continuar por tales territorios las vías férreas y telegráficas de El Cabo y del país inmediato denominado Bechuanaland. En efecto, la línea férrea se alargó desde Kimberley á Uriburg (Orange), y desde allí se continúa construyendo hoy hasta Mafekins, en la frontera del Transvaal con Bechuanaland. El telégrafo ha avanzado desde Mafeking á Fort Salisbury, 800 millas al norte, y para buscar una salida por el Océano Índico se está abriendo el ferrocarril desde Fort Salisbury al puerto de Bera, a través de Mozambique, y hay también sus servicios de coches hasta dicho puerto y la población de Tuli, en Mashonaland, cuyo trayecto recorre en doce días.

  El secreto de tanta actividad es que, así en la tierra de los Matabele como en la de los Mashonas, son abundantísimas en minas de oro y de otros metales, y muy fértiles para los grandes cultivos, y muy excelentes para la salud. La Compañía, según un convenio con Lobengula, ha dividido el territorio meridional de Mashonaland en cinco auríferos, para cuya explotación se han dividido en 15 000 concesiones mineras.

  Pero para poder vivir en paz dominando el Mashonaland, es preciso vencer antes la resistencia de los matabele, que son los guerreros por excelencia de aquel país. Con ruda franqueza lo ha dicho en Inglaterra el cazador y explorador inglés más afamado y más conocedor de esos territorios: «Podremos penetrar hasta el Mashonaland, pero procurando, como primera precaución, hacer pedazos á los Matabele».

De empresa semejante se ha encargado Mr. Cecil Rhodes, pretextando un motivo cualquiera, arremetiendo á Lobengula y a su ejército, y derrotándolos con las tropas voluntarias que la misma Compañía ha reclutado y armado, y sin que Inglaterra haya intervenido oficialmente ni con una peseta ni con un militar. Dos columnas de voluntarios convergieron sobre la población de Bulawayo, capital de Matabeleland, saliendo la una de Tatí, al Sur de los montes de Matoppo, y la otra del Fuerte Charter en la frontera de Manica. Cuantos guerreros de Lobengula cayeron en poder de los ingleses fueron degollados. La residencia y casa del rey y de los principales jefes ardieron hasta quedar reducidas a un montón de cenizas, incendiadas por los mismos indígenas antes de retirarse, y los cuales destruyeron también 8 000 cartuchos y algunos depósitos de pólvora. Después, las mismas tropas oficiales de Inglaterra, que guardan la frontera del territorio de Bechuanaland, dirigidas por los oficiales Goold-Adams y Raaf, avanzaron á su vez sobre Bulawayo y acabaron de destruir la ciudad por el fuego. Parece que el rey sigue dispuesto á defenderse en los bosques del interior, mientras queden combatientes á su lado. Inglaterra ha celebrado en el Parlamento las victorias de Mr. Cecil Rhodes, y ante las críticas de Mr. Labouchere ha manifestado Mr. Gladstone que el Gobierno hace suya la responsabilidad de esta campaña, y que la asumirá con todo el espíritu de humanidad, de justicia y de moderación que son debidos. Por su parte, Mr. Sydney Buxton, subsecretario de las Colonias, ha declarado que es urgente y preciso destruir por completo la organización militar de los Matabele. En resumen, la Gran Bretaña convertirá por la fuerza de las armas la influencia en dominio, en una comarca central de África de muchos miles de kilómetros cuadrados de superficie, sin que se altere por ello la estabilidad de la política internacional; y, en cambio, nosotros no podemos ocupar el Norte del continente ni un solo kilómetro de costa, para asegurar la defensa de nuestras plazas, porque esto romperá… *ipso facto, buy the ad itself*, el equilibrio de la política europea. ¡*Well done!*

LA ILUSTRACIÓN ESPAÑOLA Y AMERICANA

N.º XLVIII
30 de diciembre de 1893
Lobengula. Rey de los Matabele (África Austral)

Sábese cómo la expansión de los ingleses Del Cabo de Buena Esperanza hacia el norte les ha llevado recientemente hasta la cuenca del Zambeze. Aquel territorio pertenece á Portugal, y por él se unían las dos comarcas de Angola y Mozambique, viniendo a formar una extensísima región que corría del Atlántico al mar de las Indias. Había allí un espacio, y así lo soñaron portugueses patriotas, un brasil africano.

Pero la aparición de Livingstone en aquellos parajes vino á turbar la tranquila posesión de Portugal. El insigne explorador fue uno de los más sañudos lusitangófobos. A su descripción de la fertilidad y abandono de aquellas tierras siguieron las de otros viajeros. Comenzaron á acudir misioneros británicos, entre los cuales se distinguieron, por lo que daban que hacer á las autoridades portuguesas, los del lago Nyasa. A sus buenos oficios debió Portugal la guerra que le hicieron los makololos.

Últimamente formóse la South Africa Company, dirigida por el Sr. Cecil Rhodes, gobernador de la colonia Del Cabo. Esta compañía ha quitado a Portugal 700 000 km^2, interponiéndose entre Angola y Mozambique, de modo que estas han quedado separadas para siempre. Pero los ingleses no contaban con los verdaderos dueños del país, los belicosos matabelos, negros de raza zulú, muy dados a la guerra, y que hace un siglo dominan por el terror a las tribus de África Austral.

Los matabele no han querido someterse. Su rey Lobengula, sucesor del famoso conquistador Sibutané, disputa el terreno palmo a palmo al invasor, al frente de sus 20 000 guerreros, gente esforzada, pero mal armada. Lobengula es hombre duro, algunos dicen que feroz, de alta estatura y fuerza hercúlea. Publicamos su retrato en la página 420.

LA ILUSTRACIÓN IBÉRICA

Edición N.º 583
Barcelona, 3 de marzo de 1894
Los ingleses en el país de los matabelos

El matabele, ó país de los matabelos, ocupa la parte centro-oriental del Sud-africano inglés, al N. del Transvaal y al O. de Mozambique.

En el transcurso de octubre último ocurrió un conflicto entre los matabelos y la fuerza armada de la Compañía Inglesa del África del Sur. Organizóse una columna de 280 voluntarios, montados, con cuatro cañones de artillería de campaña y doce carros, á las órdenes del mayor Forbes. El capitán Gwynneth Williams, del brillantísimo cuerpo de los *Royal Horse Guards* (guardia real de á caballo), de paso por Masonalandia, agregose voluntariamente á la expedición y se encargó de practicar un reconocimiento. La columna fue atacada por los *Insunkamini*, uno de los mejores cuerpos del ejército del rey Bengula, formando un total de 5 000 guerreros indígenas. Los valerosos soldados de Forbes rechazaron, sin embargo, á los matabelos y los persiguieron hasta su *kraal*, al que pegaron fuego. Desgraciadamente, quedaron copados el capitán Williams y su hermano. Parece ser que el caballo del capitán se espantó al ver el fuego, y se lanzó á galope á través de las masas de los salvajes. No se supo más de ellos, y, aunque los *kaffires* trataron al día siguiente de seguir el rastro, nada se pudo descubrir. Algunos matabelos que posteriormente fueron capturados dieron noticias de su fin. Parece que el propio capitán y su hermano fueron recibidos á pedradas: defendiéronse como leones, disparando sus rifles y revólveres, hasta que, por fin, cayeron heridos y fueron rematados.

Realizada la hazaña, hubo de dividir Forbes su columna enviando á ocupar cierta posición, á la otra parte del río Sangani, á su segundo, el capitán Wilson, con 32 caballos. Obedeció el capitán; pero al poco tiempo vióse comprometidísimo, en vista de lo cual envió tres mensajeros á Forbes para que acudiese en su auxilio, ignorando que también este se encontraba en el mayor apuro. Cuando había cruzado Wilson el río, este era vadeable; pero apenas lo habían atravesado los emisarios, experimentó una crecida que hacía imposible su paso. Con todo, decidióse Forbes á socorrer á su segundo; pero ya en el entretanto caían sobre la escasa fuerza mandada por este inmensas masas de matabelos. Wilson, viéndose atacado de flanco, ordenó á su gente retirarse á un valle que tenía á retaguardia. Murieron en esta retirada dos caballos, y los jinetes montaron á la grupa con sus compañeros, retrocediendo toda la partida á escape.

Viéronse envueltos, sin embargo, y entonces echaron pie á tierra, parapetándose detrás de los caballos muertos á medida que iban cayendo, y defendiéndose con los revólveres y rifles hasta que les queda aliento. Por espacio de dos horas dos regimientos de matabelos (unos 900 hombres), armados con rifles, no cesaron de hacer fuego, y ya, por fin, á la voz de los *indunas*, cargaron sobre los blancos lanzándoles sus azagayas, hasta no dejar ni uno vivo. El heroísmo es tanto más de admirar en cuento en un principio hubieran podido salvarse algunos si hubiesen querido escapar; pero ni aun se le ocurrió hacerlo á nadie, á pesar de quedar vivos unos cuantos caballos, en el supremo trance de arrojarse las masas sobre el apretado grupo de supervivientes.

Forbes, entretanto, veíase detenido á la otra parte del Sangani, con 130 hombres, no siendo menos comprometida su situación. En tan terrible trance envió tres emisarios á Bulawayo para pedir socorro y dar cuenta del desastre de Wilson, y, lleno de desesperación, levantó el campo, emprendiendo una peligrosísima marcha atrás de cien millas hacia el Inyati, á lo largo del río. Los emisarios, al cabo de tres días de marcha, consiguieron llegar a Bulawayo.

Organizóse al punto una columna de auxilio, con carros y provisiones, la cual llegó a Iniati á los tres días, destacándose algunas patrullas para ver de descubrir el paradero de la columna de Forbes. Al anochecer del cuarto día presentóse en el campamento inglés un kaffir, participando que Forbes se encontraba a orillas del Sangani, á 40 millas de distancia. Acto seguido púsose en marcha la columna de socorro, y al anochecer del día siguiente la vanguardia encontraba, por fin, á Forbes, en la confluencia del Sangani con el Longwe. Dos horas después llegaba el resto de la columna de auxilio. La escena, aun entre los ingleses, fue de lo más conmovedora. ¡Hubo allí unos *shake-hands* que dislocaban las muñecas!

La columna de auxilio encontró á la gente de Forbes que daba compasión: todos rotos, andrajosos, aspeados. Más de cien caballos habían quedado por el camino, muertos de fatiga ó de resultas de las heridas. Por fin, ya sin incidente alguno llegaron todos á Bulawayo.

La contrariedad experimentada por Wilson produjo grande emoción en la Gran Bretaña; pero quedó perfectamente demostrado que no podía ser de otra manera: gangas del oficio. La pícara fortuna, empeñada en favorecer á los ingleses, tuvo á bien simplificar la cuestión, haciendo que Lobengula, el rey Matebelé, se muriese de viruelas al poco tiempo (últimos de enero), y, desde entonces, no ha habido ya novedad. La Compañía trabaja de firme, y dicen que acude allí mucha inmigración para trabajar en las minas.

Estos famosos matebelos, ó, mejor dicho, amatebelos, son pura y simplemente unos zulús, que ocupan el país situado entre el Zambeze y el Umzimbuvu, estando regidos militarmente.

Por lo demás, como si allí no hubiese pasado nada. Después del desastre de Wilson (total, á la verdad, 32 hombres y unos cuantos caballos. Muchos más hombres, aunque menos cuadrúpedos, perdimos nosotros el 2 de octubre y el 27, 28, y 29 de noviembre próximo pasados); después del desastre de Wilson, la administración de Matebeleland funciona perfectamente, bajo la dirección del doctor Jameson, y ya no es fácil que ocurra nada más.

Veremos si cuando se establezca la administración de Sierra Cambroneraland y Puero Mayorgaland sabremos portarnos mejor que los zulús. Por supuesto que si por un momento se les ha ocurrido á los ingleses enviar ninguna embajada al Muley de Matebelé, bajo la presidencia de *lord* Napier de Magdala ó de *lord* Wolseley, los Martínez Campos de por allá.

Fuerzas coloniales y tropas imperiales británicas presentes en las campañas de 1893 y 1896-1897

En las dos guerras contra los matabele se desplegó un conjunto de fuerzas que eran una amalgama de voluntarios, mercenarios, levas nativas y finalmente tropas imperiales representadas por altos oficiales británicos, varios escuadrones de caballería y jinetes de la Infantería Montada. El resto de la mayoría de las unidades fueron cuerpos improvisados que desaparecieron al terminar los enfrentamientos; otros, en cambio, ya existían con anterioridad, y una pequeña porción permaneció en activo dando origen al embrión del futuro ejército nacional de Rhodesia. Los comandantes de las unidades iban desde oficiales retirados, o licenciados para incorporarse a los mercenarios de Rhodes, y sobre todo líderes individuales que aglutinaban en torno a su persona a un número de sus seguidores, de ahí que varias unidades estén identificadas con su nombre. Estuvieron presentes médicos voluntarios que tenían a su disposición cuatro carros ambulancia, también ingenieros y servidores de la artillería y ametralladoras, en algunos casos como unidades aparte. Los contingentes menores a una docena de individuos han sido omitidos:

Cuerpo de Pioneros. Policía Montada de la Compañía Británica en África del Sur (esta unidad se fraccionó después en varios destacamentos). Rangers de Victoria. Policía Montada de Matabeleland. Policía Nativa de Matabeleland, Rifles de Umtali[108]. Exploradores de Jorge Grey. Cuerpo de Africaners. Policía de Bulawayo. Caballería de Gifford. Voluntarios Montados de Brand. Caballería de Salisbury. Voluntarios de Rhodesia del Sur. Contingente Nativo Aliado (incluyendo los seguidores del jefe Khama y Shonas). Chicos de la Frontera del Cabo de Colenbranders. Compañía de Irregulares Matabele. Compañía de la Policía Nativa Matabele. Policía Nativa de Basutoland. Policía Montada de Mashonaland. Policía Montada de Matabeleland. Exploradores de Dawson. Voluntarios Montados de Hurrell. Exploradores de Cooper. Policía Fronteriza de Bechuanaland. Rangers de Raaf. Caballería de Voluntarios de Rhodesia. Infantería de Voluntarios de Rhodesia. Fuerza de Bellingwe. Voluntarios de Victoria. 200 jinetes de la Infantería Montada[109]. Oficiales de Estado Mayor del 13º de Húsares (incluyendo varios jinetes de Norwich). 489 jinetes del 7º de Húsares del Queen's Own de Aldershot. 160 hombres pertenecientes al West Riding Regiment de lanceros, quienes no llegaron a combatir ya que cuando llegaron al río Umtali recibieron un telegrama con órdenes de regresar.

Efectivos totales de las fuerzas coloniales: 4 200 (incluyendo tropas nativas).

Efectivos totales de las fuerzas imperiales: 1 200.

---

[108] Esta unidad estaba mandada por un veterano de la Guerra Zulú de 1879, el mayor Hamilton Brown, un oficial del que sus hombres decían que *le gustaba matar* y, desde luego, en ambas campañas, después de varios combates, como anteriormente había protagonizado incluso contra los maoríes, disparó con su revólver a varios guerreros heridos o prisioneros.

[109] La gran mayoría de ellos reclutados de entre los hombres que sabían montar del 4º King's Own Royal Regiment (popularmente llamado por la ciudad de su acuartelamiento desde 1680 Lancaster) y el 14º The West Yorkshire.

Amabutho matabele

El ejército matabele comprendía, a principios de la década de los años noventa del siglo XIX, aproximadamente unos 15 000 guerreros. No existe una cuenta más o menos fiable de su composición, a diferencia de los zulúes con los que se puede ser algo más preciso, y la mayoría de sus nombres originales y composición de los *amabutho* está extraída del testimonio de los misioneros. Más tarde los británicos cometieron también errores en su identificación al basarse en lo que conocían por medio de los anteriores, tanto en número de efectivos como de los nombres, lo que contribuyó aún más a la confusión. Lo siguiente es, teniendo en cuenta las últimas investigaciones y la actualización de la gramática de origen nguni, probablemente el nombre y cantidad más cercanas a la realidad, aunque con ciertas reservas.

El número total de regimientos ha sido hasta fechas recientes considerado en 22, llegando incluso algunas fuentes a aumentar esa cifra hasta 38, repartidos en cuatro grandes cuerpos. Aunque es probable que cualquiera de las dos cifras sean ciertas, se debe tener en cuenta que era muy habitual que un mismo *ibutho* fuera llamado de varias maneras y que, en ocasiones, regimientos más pequeños fueran absorbidos por uno más grande. Tomando como referencia esto último la composición final sería la siguiente:

Principales *indunas*:
Mjaan (comandante en jefe del ejército), Mtshane, Magwegwe, Mandwno, Mshano, Manondwana, Gamphu, Msindazi y Manyevu. Al menos tres hermanastros de Lobengula tuvieron mando dentro del ejército: Nungu, Bosumwana y Mlugulu.

Cuerpos:
aMnyama, *uGapha*, *amaKhanda*, *aMhlope*, (cada cuerpo estaba situado en uno de los cuatro puntos cardinales del país y estaba compuesto de tres regimientos, aunque cada uno tenía su respectivo cuartel militar).

Amabutho:
mNbezu (*ibutho* de élite de entre 800 y 1 000 guerreros; dos *amaviyos* de sus miembros eran la guardia personal de Lobengula con 84 guerreros ultraleales), *eXhna*, *iNduba*, *iHlati*, *iSiziba*, *sInyangani*, *iNsukhambi*, *iNsukhumeni*, *aMhaweni*, *uJhinga*, *nGubo*, *iNnoho* e *iNsuku*.

Texto de la concesión de Lobengula a la Compañía Británica de África del Sur

Los señores Charles Dunnell Rudd de Kimberley, Rochfort Maguire de Londres y Francis Robert Thompson de Kimberley, en lo sucesivo llamados los cesionarios, tienen a bien convenir y convienen, y por el presente convenio están de acuerdo, pagarme, a mí, mis herederos, y sucesores, la cantidad de dinero británico de 100 libras esterlinas, el primer día de cada mes lunar, y la entrega en mi *kraal* real de mil rifles de retrocarga Martini-Henry, junto con 100 000 rondas de la correspondiente munición, 500 de dichos rifles, y 50 000 cartuchos para ser enviados inmediatamente desde Inglaterra, y entregados en un tiempo razonable, y el resto de dichos rifles y cartuchos serán entregados tan pronto como dichos cesionarios comiencen a trabajar con el instrumental de explotación dentro de mi territorio, y con la entrega en el río Zambeze de una barcaza de vapor convenientemente armada para la objetiva defensa de dicho río, o en lugar de dicho buque de vapor, pueda elegir, que se me pague la suma de dinero de 500 libras esterlinas, sobre la concesión de dichos presentes, yo, Lobengula, rey de Matabeleland y Mashonaland, y otros territorios contiguos, en el pleno ejercicio de mis

El documento original del tratado entre Lobengula
y los enviados de Cecil Rhodes.

soberanos poderes, y en presencia de mi consejo de *indunas*, realmente por la presente concedo y asigno a dichos cesionarios, sus herederos, representantes, conjuntamente o por separado, la completa contraprestación exclusiva sobre todos los minerales y metales contenidos y situados en mis reinos, principados, y dominios, junto con el pleno poder que ellos puedan realizar cuantas consideraciones crean necesarias para ganar y procurar los mismos, y mantener, recoger, y disfrutar de las ganancias y réditos, si alguno, derivable de dichos metales. Los minerales sujetos al pago antedicho, y mientras que he sido continuamente importunado por diferentes personas que buscaban desear y obtener subvenciones y concesiones de tierra y derechos de minería en mis territorios, realmente por la presente apruebo a dichos cesionarios, sus herederos, representantes, que asignen y tomen los legales pasos necesarios para excluir de mis reinos, principados y dominios a todas las personas que buscan la tierra, metales, minerales, o derechos de minería, y realmente por la presente acuerdo darles la ayuda necesaria para que ellos de vez en cuando pueden requerir la exclusión de tales personas, y no conceder ninguna concesión de tierra o derechos de minería después de esta fecha sin su consentimiento y concurrencia, con tal de que si en cualquier momento el dicho pago mensual de cien libras esté atrasado por un periodo de tres meses, entonces esta subvención cesará y se disolverá tomando la fecha del último pago efectuado. Nada de lo contenido en estos presentes ampliará o afectará la subvención concedida por mí a los ciertos derechos de minería en la parte de mi territorio al sur del río Ramakoban, comúnmente conocida como la concesión Tati. Firmamos esto el trigésimo día de octubre del año de Nuestro Señor de mil ochocientos ochenta y ocho en mi *kraal* real:

Lobengula, C. D. Rudd, Rochfort Maguire, F. R. Thompson. Testigos: D. Timon, J. Dreyer.

Adjunto copia sobre el documento original. Por la presente certifico que el documento acompañante ha sido totalmente traducido y explicado por mí al rey Lobengula y todo su consejo de *indunas*, y que todos los prefectos constitucionales de la nación matabele han sido respetados antes de su firma en el mismo. Firmado en el río Umgusa este trigésimo día de octubre de 1888. Firmado: C. D. Timon (el traductor).

Resumen de la Carta Real concedida a la Compañía Británica de África del Sur

Por la extensión de este documento, pero a la vez por la importancia del mismo, anexo un resumen de los 35 puntos, y sus correspondientes apéndices, más destacados a pesar del farragoso, en ocasiones, lenguaje jurídico. La Carta Real comienza con el saludo de la reina Victoria, desde Westminster, el 20 de octubre del año cincuenta y tres de su reinado y a continuación:

La Soberana del Reino Unido de Gran Bretaña e Irlanda, atendiendo a las peticiones realizadas por el Duque de Abercon, Alexander William Jorge, Duque de Pifano, el Honorable *lord* Gifford (Cruz Victoria), Cecil John Rhodes, Miembro del Consejo Ejecutivo de la Asamblea de la Colonia del Cabo de Buena Esperanza, Honorables Alfred Beit, Albert Henry Grey y el abogado Jorge Cawston, que los solicitantes y otros asociados forman una empresa con el objetivo de ser incorporada, si a nosotros nos parece conforme, que el objeto de su petición, bajo el nombre de La Compañía Británica de África del Sur, es que la existencia de esta poderosa empresa británica controle en nuestro nombre los puntos que nosotros le confiamos:

Teniendo su principal campo de operaciones en la región de Sudáfrica que está al norte de Bechuanaland, y al oeste del África portuguesa, sería ventajoso a los intereses comerciales, y a nosotros, de nuestros sujetos en el Reino Unido y nuestras colonias, que los solicitantes ejerzan las diversas concesiones y acuerdos que se hagan con ciertos jefes y tribus que habitan esta región, y que tales subvenciones de acuerdos de concesión y tratados como el presente, en el futuro puedan obtenerse dentro de dicha región, o en otra parte de África, con la visión de promover el comercio, civilización, y el necesario gobierno (con la inclusión del control del tráfico de bebidas alcohólicas para los nativos) en los territorios que son o pueden ser comprendidos o mandados en tales subvenciones, sean acuerdos de concesión y tratados como antes descritos. Que los solicitantes crean que están de acuerdo con dichas concesiones y que los tratados y subvenciones que puedan ejercer a tal efecto, sean para mejorar las condiciones de vida de los habitantes del país y mejorar con la civilización avanzada, y una establecida organización que supervisará la supresión del comercio de esclavos en dichos territorios, y a la apertura de dichos territorios a la inmigración de europeos, y al comercio legal y al comercio de nuestros súbditos de otras naciones. Que el éxito de esta empresa de los solicitantes nos parece enormemente apta para concederle nuestra Carta Real de incorporación como una empresa británica bajo dicho nombre o título, y con tales poderes por parte nuestra, para que pueda ejercer el objetivo con más eficacia de los objetivos antes descritos. Aquellas grandes sumas de dinero que han sido suscritas para los objetivos de la empresa según las intenciones de los solicitantes y otros, que también están preparados para suscribir o procurar tales remotas sumas como las que sean necesarias para llevar adelante los requisitos de dicha empresa, por ello estamos satisfechos de concederles la Carta Real. Ahora, por lo tanto, nosotros habiendo tenido en cuenta dicha petición, en nuestra consideración Real de nuestro consejo, y al estar satisfechos de que las intenciones de los solicitantes son loables y merecen un estímulo, que la petición de la empresa descrita puede estar facultada para de aquí en adelante, por nuestra prerrogativa real; la gracia especial para:

Adquirir por cualquier subvención de acuerdo o tratado… los territorios, tierras o propiedades en África.

La empresa siempre será y permanecerá británica...

La empresa como tal, o sus representantes como tal, no interferirán en la religión de cualquier tribu de los pueblos...

En la administración de justicia a dichos pueblos o habitantes, el cuidadoso respeto siempre estará con la aduana y las leyes de la tribu o la nación... sobre todo en lo que concierne a la propiedad, posesión, disposición de tierras...

Las minas del rey Salomón en el cine

La primera vez que alguien vio en la gran pantalla a un actor interpretando a Allan Quatermain fue en 1920, y digo bien en decir solo vio porque entonces el cine era mudo. La película pasó sin pena ni gloria y tras tres nuevos intentos fallidos en 1937 una vez más los británicos intentaron que Allan Quatermain, inspirado en su famoso cazador británico Selous, triunfara, pero el resultado (aunque mejoró) no superó las expectativas esperadas y fue un estrepitoso fracaso hasta que el cine en color, con una fastuosa superproducción de Hollywood, entró en escena. De todas las veces que el séptimo arte ha recogido las vivencias del explorador Allan Quatermain, la película de 1950 *King Solomon's Mines* protagonizada por Stewart Granger y Deborah Kerr sigue siendo no solo la que se ajusta más al espíritu de la obra original (a pesar de que el personaje femenino interpretado por Kerr fue una licencia de los guionistas), también es con enorme diferencia, a pesar del tiempo transcurrido, la más entretenida. En su momento fue un bombazo comercial para la Metro Goldwyn Mayer que en un mes ya había recuperado la mayoría de lo invertido. Su ritmo (en nuestro país con el plus añadido del soberbio y típico doblaje de la época), la banda sonora y sobre todo sus paisajes la han convertido en casi una obra maestra del cine con dos Oscar a la mejor fotografía y mejor montaje. Rodada en Tanzania y Kenia con la intervención de miles de extras africanos y las no menos espectaculares escenas de estampidas en el Serengueti la convierten en una película irrepetible que por su puesto sus sucesoras de 1985 con una jovencísima Sharon Stone y Richard Chamberlain, que tuvo una secuela que nunca debió rodarse, nunca podrán competir. En 2004 se estrenó un nuevo *remake* con Patrick Swayze que a pesar de ser un digno trabajo finalmente solo se emitió en televisión.

Sin embargo, los verdaderos hechos que inspiraron *Las minas del rey Salomón* tenemos que buscarlos en otras películas como *Shangani Patrol,* del director sudafricano David Millin, rodada en los escenarios originales del conflicto, incluyendo el río Shangani, las colinas Matopo, etc. El trabajo comenzó en febrero de 1970 y se estrenó en abril de 1971. Con una duración de 90 minutos, bajo un guión de Adrian Steed especializado en grandes superproducciones de temática africana, está basada en el libro del mismo nombre de Robert Cary. Centrada en la guerra de 1893 y en las columnas que entraron en Matabeleland, y donde el papel de Forbes deja en entredicho la actitud del oficial que tuvo en sus manos la oportunidad de salvar a Wilson, el trágico final de los hombres de la patrulla Shangani está excelentemente recreado. El actor Brian O'Ghaughnesy (1931-2001), que nueve años después participaría también en *Amanecer Zulú* interpretando al mayor Stuart Smith de la artillería real, es mostrado ciertamente como un héroe que prefiere quedarse con sus hombres heridos antes que escapar. Aunque la recreación es perfecta, incluyendo el armamento y uniformes de los hombres, con algunas de las típicas camisas azules y grises, junto a los sombreros con la banda azul, la película no alcanzó el mercado europeo ni el estadounidense. En ello contribuyeron varios factores en contra. El primero de ellos fue que la distribuidora era netamente sudafricana, la African Consolidated Films, que tenía a su vez una importante participación en la productora creada por el propio Millin, la RPM Film Studios, que no consiguió introducirla en el mercado internacional por falta de actores famosos, en ese momento, más allá del continente africano.

Aunque, sin duda, las décadas de los años sesenta y setenta fueron la época dorada de las superproducciones cinematográficas, se rodó y estreno en un tiempo en que Rhodesia era tremendamente impopular en el mundo libre. Había una gran oposición internacional a las actuaciones del ejército sudafricano contra los elementos de la insurgencia, y el régimen racista estaba sancionado por la propia ONU. En su momento la película fue criticada como una exaltación del hombre blanco y, lo que era peor, del colonialismo, que en ese momento se encontraba en franca regresión en África y era el origen de guerras que permanecían abiertas. Finalmente solo fue proyectada en la propia Rhodesia y en el también régimen racista de la República de Sudáfrica, donde despertó un fervor patriótico espectacular con un gran éxito de la crítica y del público, y la ha convertido hasta hoy en una película de culto para los que añoran el pasado, incluso el cantante Nick Taylor dedicó a la batalla del río Shangani una balada que tuvo en África del Sur tanto éxito como la película.

En internet encontraremos algunos fragmentos de la misma, incluyendo los minutos finales, y varias recreaciones pertenecientes a documentales. Posiblemente el mejor momento de la película corresponde a una imagen final de victoriosos matabele sobre los blancos abatidos y la voz de un *induna*, con sobreimpresión en inglés, que dice que los cuerpos no fueran tocados (no ritualizados como la costumbre de zulúes y matabele) y que fueran dejados, ya que aquellos eran hombres de verdad, engendrados por padres de verdad. Una manera de reconocer que habían combatido contra hombres valientes. La imagen final, donde aparece el actor que encarna el papel del famoso explorador americano Burnham, corresponde al monumento original levantado en los Matopo donde se pueden leer unas palabras que escuetamente dicen: «A los valientes».

La vida de Rhodes ha sido también filmada en varias ocasiones. El primer intento tuvo lugar en 1916 bajo el mecenazgo del gobierno racista sudafricano para buscar con ello un acercamiento a los británicos e intentar beneficiarse de la imagen imperialista y potenciadora de la división de razas del propio Rhodes como supuesto defensor del *apartheid*. Se intentó rodar en la propia Rhodesia, pero el gobierno del país se opuso a cualquier evento recreador de batallas ya que consideró que la rebelión de 1999-7 estaba todavía muy cerca en el tiempo y podía producir actos violentos. En 1920 se intentó nuevamente sin éxito hasta que por fin una producción realizada al principio de la Segunda Guerra Mundial, *Rhodes de África,* consiguió llevar la vida de Rhodes dignamente al cine. El papel de Rhodes fue para el canadiense Walter Houston, cuyo trabajo como actor fue reconocido ocho años más tarde por su interpretación en *El Tesoro de Sierra Madre* con la que ganó un Óscar. La película se grabó en la auténtica Rhodesia y, en un momento difícil para el Imperio británico, se consiguió precisamente lo que se buscaba, mostrar a Rhodes como un soñador y un líder que se crecía en los momentos de dificultades, como era el momento que se estaba viviendo. En esta ocasión el enemigo público número uno era Paul Kruger, y, ¡cómo no!, sus conexiones con Alemania. La película fue todo un éxito comercial.

Pero la más interesante de todas las películas es la realizada en 1996 por la BBC con un presupuesto de 15 millones de libras en colaboración con la televisión sudafricana. Rodada en formato *telefilme* en Inglaterra y Botswana, *Rhodes, la vida y la leyenda* fue interpretada por el actor británico teatral Martin Shaw. El papel de Jameson fue para otro rostro conocido por sus apariciones en series de televisión británicas, el londinense Neil Pearson. La serie se emitió en siete capítulos de una hora y cuarto y estuvo producida por el sudafricano Anthony Thomas; y como era de esperar creó muchas suspicacias entre los historiadores. Tiene el mérito de ser un trabajo revisionista que muestra las grandezas y miserias del personaje, sin dejar clara la tendencia sexual del mismo, y, en ocasiones, su imagen imperialista está incluso por debajo de la realidad. A pesar de que lamentablemente no consiguió el éxito esperado, sobre todo comercialmente, auque la BBC recuperó una parte muy importante del dinero al vender sus derechos a varias compañías de televisión mundiales, probablemente lo mejor sea la recreación de la campaña matabele, especialmente los minutos en el *kraal* de Lobengula.

También otras expresiones artísticas como la pintura buscaron contar con el pincel alguno de los hechos más famosos de las guerras matabele como el pintor británico nacido en 1865 Allan Stewart. Se trata de un gran cuadro que muestra los minutos finales del grupo de hombres de Wilson, totalmente rodeados, entre los arbustos y árboles con los restos de caballos muertos, hombres heridos, los cuerpos de varios guerreros matabele y donde puede sentirse la intensidad del combate. Los Martini-Henry humeantes, azagayas y escudos por el suelo junto con la mirada de unos hombres valientes que saben que, tarde o temprano, la muerte está llamando a las puertas de sus vidas. Igualmente, la indumentaria de las fuerzas de voluntarios y de la policía montada es perfecta. Allan Wilson, sin sombrero, es el protagonista de la escena, situado como si fuera el general Custer rodeado de sus hombres en Little Big Horn.

Por último, y probablemente como un reconocimiento a sus enemigos nativos, la Royal Navy construyó en 1936, en los astilleros de Escocia, un destructor al que bautizaron con el nombre de HMS Matabele. Durante la Segunda Guerra Mundial participó en diferentes misiones de combate en el Mar del Norte, incluyendo la caza de submarinos alemanes. El 17 de enero de 1942, cuando servía como parte de la escolta de un convoy, fue hundido por un submarino alemán.

Introducción original de la primera edición de 1885 de *Las minas del rey Salomón*

Este modesto y puntual relato de una portentosa aventura está dedicado respetuosamente por su narrador, Allan Quatermain, a todos los grandes y pequeños niños que lo lean.

Ahora que estas memorias se hallan, por fin, impresas y a punto de salir a correr el mundo, comienzo a sospechar que, para ser del todo aceptables, mucho debe faltarles así en la forma como en el contenido.

No he pretendido narrar con detalle cuanto vimos e hicimos durante nuestro afanoso viaje al país de los kakuanas. Muchas singularidades, que merecían minucioso examen, las pasé en silencio: la fauna y la flora, las costumbres de aquel pueblo extraordinario, su dialecto —tan semejante al idioma de los zulúes—, el admirable sistema de su organización militar y su peculiar habilidad en el arte de fundir los metales. Solo las leyendas que pude recoger sobre las armaduras que nos salvaron la vida durante la batalla de Lu, y las tradiciones referentes a las enormes estatuas graníticas, llamadas los Silenciosos, que están a la entrada de las minas de Salomón, formarían un largo y abultado volumen. Me pareció (y mis compañeros, el barón Curtis y el capitán John, también creyeron lo mismo) que de momento sería mejor limitarse a referir sencillamente los hechos, dejando todo lo accesorio para ser tratado más adelante, en un magnífico tomo de erudición.

Solo me falta, pues, rogar benevolencia para mi tosco estilo. Estoy más acostumbrado a manejar la carabina de cazador de elefantes que la pluma de escritor de novelas. Quizá los libros, para despertar interés, necesiten de galas y florituras de la literatura. No tengo autoridad para elucidar este complicado problema de alta crítica. Pero creo sinceramente, sin ofender a nadie, que las cosas sencillas son las que más me impresionan, y los libros escritos en lengua sencilla se entienden mucho mejor. Dice un proverbio de los kakuanas: lanza afilada no necesita brillo. Y a ello me atengo, sospechando que la sabiduría de los negros no es inferior en este punto a la nuestra; pues para narrar verazmente una historia real, por extraordinaria que sea, no es indispensable sobrecargarla con el pesado ropaje de una vana elocuencia.

Allan Quatermain.

Cronología

1816 Shaka alcanza el trono zulú e implanta el *Izinpondo Zankhomo*, basado en el principio militar de la doble envolvente.

1822 Mzilikazi KaMatshobane, general zulú del ejército del norte, perteneciente al clan khumalo, abandona Zululandia instalándose en la zona de Alto Veld enfrentándose a los pedis.

1837 Mkalipi, *induna* de Mzilikazi, es derrotado con grandes pérdidas en Vegkop, la primera batalla contra el hombre blanco. Los blancos tienen dificultades para pronunciar su nombre original y lo simplifican llamándolos matabele. Mzilikazi abandona el norte del Transvaal y al año siguiente se instala al sur del territorio de los shonas, a los que somete sin dificultad. Desde ese momento su reino se consolida con continuas incursiones fronterizas.

1843 Los ndebele están definitivamente asentados y el territorio es conocido por los blancos como Matabeleland.

1853 Mzilikazi firma un acuerdo con el Transvaal para permitir la caza de elefantes en el país.

1868 Mzilikazi muere a la edad de setenta y ocho años. Guerra civil por su sucesión.

1870 Lobengula, uno de los hijos de Mzilikazi, que en principio no estaba destinado al trono matabele, es coronado como nuevo rey ante miles de guerreros que le aclaman. Al sur, ese mismo año, en la colonia de Natal, desembarca en la ciudad de Durban un joven británico, lleno de sueños y problemas de salud, llamado Cecil Rhodes. Empieza como vendedor de helados y tan solo un año después, tras varias inversiones mineras, es multimillonario y sufre su primera angina de pecho.

1877 Theophilus Shepstone anexiona el Transvaal para la corona británica.

1879 Los zulúes, que provocan en la montaña conocida con el nombre de Isandlwana la más severa derrota experimentada hasta el momento por un ejército moderno a manos de tropas nativas, tras algo más de siete meses de lucha son finalmente derrotados por el ejército británico.

1881 Tras la derrota del ejército británico en la colina Majuba, el Transvaal recupera su independencia.

1885 Henry Rider Haggard publica *Las minas del rey Salomón* y la obra se convierte en un *best seller* internacional. Coincidiendo con la muerte del general Gordon en Jartum, al otro lado del continente, Bechuanaland se convierte en un protectorado británico por la intervención de Rhodes.

1888 Tres agentes de Rhodes, el 15 de agosto, llegan a Bulawayo, capital matabele. El 30 de octubre, tras innumerables reuniones y la promesa de 1 000 Martini-Henry, 100 000 cartuchos y una barcaza, Lobengula firma un tratado claramente engañado.

1889 El 5 de marzo, tras un viaje de varios meses, dos *indunas* matabele llegan a Inglaterra donde expresan a la reina Victoria su preocupación ante el temor de que los blancos quieran una clara confrontación con ellos. En el verano del mismo año los matabele y los shonas vuelven a estar en guerra.

1890 Se crea el Cuerpo de Pioneros, tropas mercenarias al servicio de la empresa de Rhodes, la British South Africa Company, los cuales invaden Mashonaland. El 12 de septiembre se levanta la bandera de la Union Jack en el recientemente creado Fuerte Salisbury. El 1 de diciembre, Jameson, la mano derecha de Rhodes para las operaciones militares, llama por primera vez al territorio conquistado Rhodesia.

1891 Inglaterra y Portugal casi acaban en guerra por las incursiones de los hombres de Rhodes en Mozambique.

1892 Lobengula ve con creciente preocupación la llegada incontrolada de mineros y colonos al antiguo territorio shona, el cual considera de su propiedad. Solo es cuestión de tiempo que la codicia del hombre blanco le impulse a una guerra que sabe de antemano que perderá.

1893 En el mes de julio los matabele, persiguiendo a los shonas, atacan Fuerte Victoria. Jameson penetra en el territorio de Lobengula con el objetivo de eliminar la amenaza de los *impis* matabele, pero en el fondo la pretensión es quedarse con el país y su gran riqueza en oro. Batallas de Shangani y Bembesi donde los matabele son diezmados con las ametralladoras Maxim. El 4 de diciembre las fuerzas de Jameson entran en Bulawayo, al que Lobengula había previamente incendiado. El mayor Allan Wilson y una treintena de sus hombres son rodeados y aniquilados tras dos horas de cruenta lucha.

1894 A principios de año Lobengula se suicida. Acompañado de solo un puñado de sus últimos fieles, comprendió que ya no había futuro para él. Mashonaland y Matabeland pasan definitivamente a llamarse Rhodesia.

1895 El 29 de diciembre, al mando de hombres veteranos de la campaña matabele, Jameson entra en el Transvaal con el objetivo de llegar a Johannesburgo y provocar una revuelta entre los *uitlanders* (extranjeros) y tomar el control del país.

1896 En enero Jameson es rodeado por las fuerzas bóers y se rinde. Los matabele, que han sufrido grandes pérdidas, pero que no se sienten derrotados, reciben el aliento de varios de sus guías espirituales y atacan indiscriminadamente a colonos y mineros blancos. Ciudades como Bulawayo y Gwelo son sitiadas. Partidas de voluntarios intentan llegar hasta granjas lejanas para rescatar a familias en peligro y se producen continuas escaramuzas. El 24 de mayo tropas imperiales llegan a Rhodesia. En julio los matabele firman la paz y son conducidos a reservas.

1897 Los shonas se suman a la guerra siguiendo el mismo patrón de los matabele, pero son derrotados.

1899 Comienza la Guerra Anglo-Bóer.

1901 Un jefe shona de escasa relevancia, Mapondera KaDungure, junto a su hermano Temaringa y seguido por un centenar de guerreros, intentó una nueva revuelta con escasa repercusión, no obstante él no pudo ser detenido hasta dos años más tarde. Murió en prisión en 1904.

1902 Rhodes muere a las 18:00 horas del 27 de marzo. Ha conseguido lo que pocos pueden imaginar, una vida llena de aventuras, una fortuna inmensa, una gran notoriedad y un país con su propio nombre.

1925 El 14 de mayo muere en Londres *sir* Henry Rider Haggard. Su legado literario está más vivo que nunca.

Bibliografía selecta

BADEN POWELL, Robert. *La escuela de la vida.* Badajoz: Esquilo Editorial, 2007.

---. *The Matabele Campaign: 1896; being a narrative of the campaign in suppressing the native risingin Matabeleland and Mashonaland.* Oxford: University Press, 1970.

BECKER, Peter. *Path of Blood: The Rise and Conquest of Mzilikazi, Founder of the Matabele.* Londres: Longman, 1962.

BHEBE, Ngwabi. *Lobengula of Zimbabwe.* Londres: Heinemann, 1977.

BIBLIA. Ed. Reina-Valera. Edición de Estudio. Los Ángeles: Sociedades Bíblicas Unidas, 1995.

BOYDEN, Peter B.; GUY, Alan J. & HARDING, Marion. *Ashes and Blood. The British Army in South Africa 1795-1914.* Londres: National Army Museum, 1999.

CAMPBELL, Gres. *Diamantes sangrientos: las piedras de la guerra.* Barcelona: Paidós, 2003.

CORTÉS LÓPEZ, José Luis. *Historia contemporánea de África. Desde 1940 hasta nuestros días.* Madrid: Editorial Mundo Negro, 2001.

COURTNEY SELOUS, F. *Caza mayor en Asia y África.* Barcelona: Hispano Europea, 1958.

DIXON, Norman F. *Sobre la psicología de la incompetencia militar.* Barcelona: Anagrama, 2001.

GLASS, Stafford. *The Matabele War.* Nueva York: Longmans & Green, 1968.

GUILLE MILLAIS, John. *Life of Frederick Courtney Selous. A Biography.* Londres: Gallery Publications, 2001.

HENDERSON, I. *Lobengula. Achievement and Tragedy.* Londres, 1974.

JOHNSON, R. W. *Historia de Sudáfrica. El primer hombre, la última nación.* Barcelona: Debate, 2005.

KENNETH, Anderson. *Devoradores de hombres.* Barcelona: Juventud, 1955.

---. *Esto es la jungla; nuevos relatos sobre los devoradores de hombres.* Barcelona: Juventud, 1975.

KEPPEL-JONES, Arthur. *Rhodes and Rhodesia: The White Conquest of Zimbabwe, 1884-1902.* Montreal: Macgill-Queen´s University Press, 1983.

KNIGHT, Ian. *Warrior Chiefs of Southern Africa: Shaka of the Zulu, Moshoeshoe of the Basoto, Mzilikazi of the Matabele, Maqoma of the Xhosa.* Londres: Fire Bird Books, 1995.

---. *Zulu 1816-1906.* Reino Unido: Osprey Publishing, 1995.

LABAND, John. *The Atlas of the Later Zulu Wars 1883-1888.* Pietermaritzburg: University of Natal Press, 2001.

L'ANGE, Gerald. *The White Africans. From colonisation to liberation.* Jonathan Ball Publishers, Johannesburg & Cape Town, 2005.

LAPIERRE, Dominique. *Un arcoiris en la noche.* Barcelona: Planeta Internacional, 2008.

LONEY, Martin.. *Rhodesia. White Racism and Imperial Response.* Harmondsworth, 1975.

LYNDON DODDS, Glen. *The Zulus and Matabele Warriors Nations.* Londres: Arm & Armour Press, 1998.

MCGREGOR, Joanne & RANGER, Terence. *Violence and Memory: One Hundred Years in the Dark Forest of Matabeleland.* Zimbabwe: James Currey, 2000.

MENÉNDEZ DEL VALLE, Emilio. *África Negra, Dominio Blanco. Un estudio sobre Sudáfrica, Namibia, Rhodesia y las colonias europeas.* Madrid: El Espejo, 1974.

O'REILLY, John. *Pursuit of the King. An Evaluation of the Shangani Patrol.* Bulawayo: Books of Rhodesia, 1970.

PANYELLA, Augusto. *Razas humanas.* Barcelona: Editorial Ramón Sopena, 1961.

PORTER, J. R. *Guía Ilustrada de la Biblia.* Madrid: Debate, 1995.

REVERTE, Javier. *Vagabundo en África.* Barcelona: Random House Mondadori, 2005.

Rider Haggard, Henry. *King Solomon's Mines.* Londres: Cassell & Company, 1885.

---. *Las minas del rey Salomón (versión íntegra).* Madrid: Gaviota, 2001.

---. *Las minas de Salomón.* Barcelona: Seix y Barral, 1952.

Ritter, E. *Shaka Zulu.* Londres: Panther, 1958.

Roberts, Brian. *Los magnates del diamante.* Barcelona: Grijalbo, 1975.

Schama, Simon. *Auge y caída del Imperio británico. 1776-2000,* Barcelona, Crítica, 2004.

Sellier, Jean. *Atlas de los pueblos de África.* Barcelona: Paidós, 2005.

Sommer, François. *Grandes cacerías en África Central.* Barcelona: Hispano Europea, 1955.

Speck, W. A. *Historia de Gran Bretaña.* Cambridge: University Press, 1996.

Stanley, Henry M. *El continente misterioso: las fuentes del Nilo, los grandes lagos de África Ecuatorial, del río Livingstone al Océano Atlántico.* Barcelona: Salvat, 1978.

---. *Bula Matarí, historia de un explorador.* Barcelona: Ediciones B, 2002.

Taylor, Stephen. *The Mighty Nimrod: a Life of Frederick Courteney Selous, African Hunter and Adventurer, 1851-1917.* Londres: Collins, 1989.

Thomas, Anthony. *Rhodes. The Race for Africa.* Londres: Penguin Books, 1997.

VILA Y ESCUAIN, *Nuevo Diccionario Bíblico Ilustrado.* Terrasa: Clie, 1990.

VV.AA. *La Biblia en su entorno.* Estella: Verbo Divino, 1992.

WESSELING, Henri L. *Divide y vencerás. El reparto de África (1880-1914).* Barcelona: Península, 1999.

WILLS, A. & COLLINGRIDGE, T. *The Downfall of Lobengula: The Cause, History, and Effect of the Matabeli War.* Nueva York: University Press, 1969.

OTRAS CONSULTAS

Ediciones originales de la época de los diarios ilustrados británicos
The Graphic, Illustrated London News. La Ilustración Española y Americana. La Ilustración Ibérica. The British Empire Magazine. Ediciones de *The Times.* **Periódicos:** *El Mundo, El País, ABC* y *La Razón. Zimbabwe Restos Arqueológicos* (revista científica nº 256, páginas 62-67). **Documentales:** *Zimbabwe, el patrimonio de la humanidad. El reino del León. Parques Naturales. El dominio del León. Viviendo Entre Leones.* **En internet:** boletines de la *South African Military History* (*samilitary.org).* bulawayo1872.com. memoriesofrhodesia.com. bsap.org.